Anne Granda, Inge Jaumann und
Leonore Körner

Exerzitien im Alltag

Geistliche Übungen
für Advent, Fastenzeit
und andere Anlässe
im Jahr

Herausgegeben von Günther Lohr

Kösel

Mit 11 Fotos von Andreas Hoffmann, Braunschweig, sowie 3 schwarzweißen und 8 farbigen Meditationsbildern.

ISBN 3-466-20432-1
© 1998 by Kösel-Verlag GmbH & Co., München
Printed in Germany. Alle Rechte vorbehalten
Druck und Bindung: Kösel, Kempten
Layout: Ilse Weidenbacher, München
Umschlaggestaltung: Kaselow Design, München, unter Verwendung eines Fotos von Andreas Hoffmann, Braunschweig
1 2 3 4 5 · 02 01 00 99 98

Gedruckt auf umweltfreundlich hergestelltem Werkdruckpapier
(säurefrei und chlorfrei gebleicht)

Inhalt

Vorwort des Herausgebers 11

Erfahrungen mit Exerzitien im Alltag 13
Zur Geschichte einer Wiederentdeckung 13
Von Anne Granda

Die Idee 14
Die Erfahrungen der 1. Exerzitienwoche in der Fastenzeit 19
Die Erfahrungen der 2. Exerzitienwoche in der Fastenzeit 20
Die Erfahrungen der 3. Exerzitienwoche in der Fastenzeit 21
Die Erfahrungen der 4. Exerzitienwoche in der Fastenzeit 23
Und wie geht es weiter? 24

Einleitung 27

Wie übe ich mit diesem Buch? 28
Hinweise zur Vorplanung und zur äußeren Gestaltung 30
Struktur einer Gebetszeit oder:
    Die täglichen Schritte des Exerzitienweges 32
Wahrnehmungsübungen zum Stillwerden 33

Das Gebet der liebenden Aufmerksamkeit 38
Wie meditiere ich einen biblischen Text 39
Meditative Treffen in Gruppen 42
Leitfaden für die Benutzung des Buches 46

Begleittreffen zum Anfang der Exerzitien im Alltag 47

Advent/Weihnachten 55

1. Tag: Verkündigung – Geschehen lassen 56
➤ Alternative: Gott mit uns 56
2. Tag: Glaubenszeichen – Maria und Elisabeth 57
➤ Alternative: Bildmeditation – Hannas Gebet 58
3. Tag: Josefs Traum 59
4. Tag: Herbergsuche 61
➤ Alternative: Abrahams Berufung und Wanderung
5. Tag: Geburt Jesu 62
➤ Alternative: Bildmeditation – Das Licht kam in die Welt 65
6. Tag: Hirten 66
➤ Alternative: Freudenboten 66
7. Tag: Die Huldigung der Sterndeuter 67
8. Tag: Taufe Jesu 69

Begleittreffen Advent und Weihnachten 73

Fastenzeit 77

1. Woche – Still werden 77
1. Tag: Du hast mir Raum geschaffen 77
2. Tag: Ich gehe mit wachen Sinnen, öffne mich 79
3. Tag: Zu meiner Mitte kommen – Bildmeditation 80
4. Tag: Mit dem ersten Schritt gehst du durch das Tor 81
5. Tag: Wo wohnst du? – Kommt und seht 83
6. Tag: Kommt mit an einen einsamen Ort 85
7. Tag: Rückblick auf die erste Woche 86

Begleittreffen zur Fastenzeit nach der 1. Woche 87

2. Woche – Antworten hören 93
1. Tag: Ich hoffe und warte auf sein Wort 93
2. Tag: Ich habe dich beim Namen gerufen 94
3. Tag: Sieh her: Ich habe dich eingezeichnet in meine Hände 95
4. Tag: Du lässt mich lagern auf grünen Auen 96
5. Tag: Ich bin geschaffen nach deinem Bild – Bildmeditation 98
6. Tag: Auf ihn sollt ihr hören – Bildmeditation 100
7. Tag: Rückblick auf die zweite Woche 101

Begleittreffen zur Fastenzeit nach der 2. Woche 103

3. Woche – Heilung ersehnen 109
1. Tag: Ich gebe euch ein neues Herz 107
2. Tag: Die Liebe des Vaters kommt mir entgegen 108
3. Tag: Die Liebe des Vaters gibt immer ganz 111
4. Tag: Berührung, die heilt 113

5. Tag: Meine Wahrheit zu Jesus bringen 114
6. Tag: Ich schaue auf den leidenden Christus – Bildmeditation .. 115
7. Tag: Rückblick auf die dritte Woche 116

Begleittreffen zur Fastenzeit nach der 3. Woche 117

4. Woche – Geborgen und beschenkt weitergehen 122
1. Tag: Leg mein Gesicht frei, mach mich schön 122
2. Tag: Von meinen Netzen weggerufen 123
3. Tag: Fördern, Raum geben, groß sein lassen 125
4. Tag: Das Kind in meiner Mitte 126
5. Tag: Meine Schätze entdecken – mit meinen Schätzen leben ... 127
6. Maria und Marta als Symbol der Exerzitien im Alltag –
   Bildmeditation 129
7. Tag: Rückblick und Ausblick 130

Passion und Ostern 131
Begleittreffen zu Passion und Ostern 131

1. Tag: Palmsonntag 135
2. Tag: Die Salbung in Betanien 136
3. Tag: Ich aber wehrte mich nicht 137
4. Tag: Das Paschamahl 139
5. Tag: Gründonnerstag 140
   ➤ Alternative: Angst/Nacht 141
6. Tag: Karfreitag 142
   ➤ Alternative: Meditation Weizenkornbild 143
7. Tag: Karsamstag 143
   ➤ Alternative: Kreuzbildmeditation 143

8. Tag: Ostersonntag	145
➤ Alternative: Gehmeditation	146
9. Tag: Ostermontag	147
Begleittreffen zum Abschluss	149

Den Weg weitergehen ... 153
Handreichung für den Übungsweg nach den Exerzitien
im Alltag ... 153

1 Üben – der Sehnsucht nach Gott ein Gewand geben . 155
Einige grundlegende Tips für Ihren persönlichen Übungsweg ... 155

2 Der Weg nach den Exerzitien im Alltag bis Ostern... 157
5. Fastenwoche ... 157
Karwoche – weiterführende Vorschläge – Bildmeditation ... 159

3 Den Weg im Alltag weitergehen ... 162
Mein Schatz aus den Exerzitien im Alltag	162
Meiner Sehnsucht Raum geben	163
»Nur im Schweigen gelangt der Mensch vor Gott«	165
Die Übung der Achtsamkeit	165
Im Buch meines Lebens lesen	174
Ein Blick auf die Drehpunkte des Lebens	178
»Durch dein Wort belebe mich« (geistliche Schriftlesung) – Bildmeditation	181
Beten mit »geliehenen« Worten	186

4 Mit Gefährten unterwegs 188
Impulse für die Gestaltung von Gruppentreffen 188

Begleittreffen im Lauf des Jahres 191

5 Schwierigkeiten auf dem Weg 198

6 Geistliche Begleitung 201

7 Exerzitienangebote 205

Schriftvorschläge für die Feste des Jahres –
Bildmeditation 207

Vorwort des Herausgebers

Spiritualität – für immer mehr Menschen ein Wort, das nach Leben duftet und Großes verheißt.

Im christlichen Verständnis trifft diese Erwartung genau in die Mitte – aber nur wenn Spiritualität sich nicht in einer religiösen Sonderwelt bewegt und sich in Meditationsübungen und Gebet erschöpft. Spiritualität im christlichen Sinn meint eine Lebenskunst, die Kunst eines befreiten, reifen und erlösten Lebens, die Kunst unserer Menschwerdung in der Begegnung mit Gott.

Wie jede Kunst bedarf auch sie der Übung, möglichst regelmäßig und eingewoben in das alltägliche Leben bis eben dahin, dass das ganze Leben zu dieser Übung wird.

Exerzitien im Alltag sind ein Angebot in diesem Sinn. Seit einigen Jahren sind es viele Tausend Menschen, die diesen Übungsweg in christlichen Gruppen und Gemeinden gehen. Das vorliegende Buch gibt nun ein Modell, welches für die Erzdiözese München und Freising erarbeitet wurde, in die Hand eines größeren Kreises von Übenden. Die Verfasserinnen haben das Münchner Modell erweitert um Übungsvorschläge für Advent/Weihnachten, Passion/Ostern sowie weitere Feste des Jahres.

Darüber hinaus wurde eine Handreichung eingefügt, welche dafür Anregungen geben möchte, dass aus den Exerzitien im Alltag immer mehr der Alltag zur Übung werden kann.

Somit möchte dieses Buch vor allem als Übungsbuch und weniger als Lesebuch verstanden werden. Es geht nicht um die Bereicherung mit schönen Ideen, sondern um konkrete Schritte der Wandlung.

Wandlung ist freilich immer wieder ein mühsames Abenteuer. Deswegen kann eine große Hilfe sein, diesen Weg mit Gefährten/Gefährtinnen zu gehen und auch die Chance einer geistlichen Begleitung wahrzunehmen.

»Gott finden in allen Dingen« – nach diesem Wort des Ignatius von Loyola besteht die wirkliche Entdeckungsreise unseres Lebens nicht darin, neue Länder und Landschaften zu erkunden, sondern sich selbst und die Welt mit neuen Augen anzuschauen.

Allen, die dieses Buch zur Hand nehmen, wünsche ich, dass es ihnen für diese Reise hilfreiche Anregungen geben kann.

Günther Lohr
Leiter des Exerzitiensekretariats der Erzdiözese München und Freising

Erfahrungen mit »Exerzitien im Alltag«

Zur Geschichte einer Wiederentdeckung

Von Anne Granda

Betrachtet man den Erfolg der Esoterik, scheint es bei den Menschen durchaus eine große Offenheit für spirituelle Erfahrungen zu geben. Trotzdem haben wertvolle hinführende Praktiken aus dem christlichen Bereich, wie Fasten vor Ostern, Besinnungszeiten oder Stille, kaum noch einen Platz im hektischen Alltag. Geht also jahrtausendealtes Wissen um den Sinn solcher Übungen völlig verloren? Oder handelt es sich vor allem um ein Vermittlungsproblem der institutionalisierten Kirchen, wenn kostbare Kenntnisse um Wege und Weisen einer wirklichen Gottesbeziehung verkümmern, während immer mehr Menschen aus den Kirchen austreten und ihre Sehnsucht und Suche leicht missbraucht werden kann?
Natürlich gibt es diese Tendenz, aber manche Entwicklungen laufen ihr auch völlig entgegen. Das gilt mit Sicherheit für die so genannten »Exerzitien im Alltag«. Unter dieser Bezeichnung werden seit der Fastenzeit 1995 in der gesamten Erzdiözese München-Freising Hilfen für tägliche Besinnungszeiten angeboten. Mit 180 Anmeldungen machten beim ersten Mal etwa ein Viertel aller Pfarreien mit, dazu kamen noch etwa 40 pfarrübergreifende Gruppen und 50 Anfragen aus anderen Diözesen. Und seitdem hat das Interesse nicht nachgelassen, im Gegenteil. Für die Fastenzeit 1996 meldeten sich etwa 380 Gruppen an, dazu noch 70 außerdiözesane Interessenten. Allein in der Erzdiözese München-Freising waren somit viele Tausend Menschen auf dem Weg der Einübung.

Die Idee

Der Theologe und Pastoralreferent Günther Lohr, der von der Erzdiözese München und Freising damit beauftragt wurde, die »Exerzitien im Alltag« inhaltlich und organisatorisch zu begleiten, schildert die Entwicklung:

Man kann nur sagen, dass es »Exerzitien im Alltag« natürlich in anderen Diözesen Deutschlands schon länger gibt, aber nie als ein diözesanes Schwerpunktprojekt, das versucht, möglichst viele Pfarreien zu erfassen. Es gab ein Konzept »Exerzitien im Alltag« und interessierte Pfarreien, die dann gelegentlich so etwas durchgeführt haben. München war die erste Diözese, in der dies diözesanweit geschehen ist. Angeregt von München hat sich dann Innsbruck dafür interessiert und es auch 1996 verwirklicht, meines Wissens auch die Diözese Passau. Unabhängig von München hat auch die Diözese Trier, anlässlich der Heilig-Rock-Wallfahrt, Ähnliches angeboten. Andere Diözesen im In- und Ausland interessieren sich dafür.

Aber wie erklärt man, dass dieses Angebot, das ohne großen Werbeaufwand nur ganz informell in den Pfarreien ausgeschrieben wurde, eine solche Resonanz fand?

Günther Lohr: *Die Entwicklung ist wirklich auch für mich und alle Beteiligten in gewisser Weise überraschend und enorm. Es haben sich ja aufgrund unseres ersten Durchgangs Gruppen aus ganz Europa gemeldet, die da mitmachen wollten. Obwohl es »Exerzitien im Alltag« schon länger gibt, trifft dieses Programm jetzt einen Punkt, der die Leute sehr anspricht. Vielleicht das Entscheidende ist, dass es ein Erfahrungsweg ist, der den Leuten hilft, normalen Alltag und religiöses Leben zu verbinden, so dass beides nicht mehr auseinanderklafft.*
Der Erfahrungsweg gibt den Leuten etwas in die Hand, jenseits vom bloßen Wissen. Wir sind leider an einem Punkt angekommen, dass viele Christen sich ernähren, oder ernährt werden, bildhaft gesagt, von Speisekarten. Aber vom Speisekarten-Lesen wird niemand satt. Nur vom wirklichen Essen, und darum geht es. In sich zu üben für die lebendige Begegnung mit Gott. Gewissermaßen mein Leben verstehen zu lernen als Sprache, mit der Gott zu mir spricht, mich anspricht, mich ausspricht und somit einen Prozess einleitet, das Leben lesen zu lernen als die Begegnung Gottes mit mir.

Könnte man also vielleicht zugespitzt sagen, dass hier Laien dabei sind, sich eine Quelle der spirituellen Erneuerung zurückzuerobern? So etwas wie »geistliche Übungen« und »Exerzitien« war doch schließlich immer mehr dem geistlichen Stand vorbehalten. Wer einen Blick auf die Vorgeschichte wirft, findet Hinweise darauf, die diese Vermutung stützen, denn der Anstoß für das gesamte Unternehmen ging vom Pastoralen Forum aus. In diesem Gremium hatten, vom Erzbischof einberufen, Laien und Hauptamtliche von 1991 bis 1994 über wichtige Fragen des christlichen Lebens und der Pastoral beraten. Die Arbeitsgruppe Spiritualität war erfolgreich mit dem Vorschlag, die geistlichen Übungen nach Ignatius von Loyola in der abgewandelten Form der »Exerzitien im Alltag« auf breiter Basis anzubieten. 1997 war es bereits das dritte Jahr, dass in der Erzdiözese München und Freising tausende von Christen die Fastenzeit als vierwöchige Intensivzeit zur inneren Vorbereitung auf Ostern nutzten. Alle Teilnehmer waren eingeladen, tägliche Gebetszeiten einzuhalten, sich etwa eine halbe Stunde Zeit zu nehmen für einen Meditationsimpuls und eine Viertelstunde für den Tagesrückblick.
Was sind das nun für Übungen? Wie sind sie in der Geschichte der christlichen Meditation verwurzelt?

Günther Lohr: *Selbstverständlich haben die »Exerzitien im Alltag« eine ganz besonders starke Beziehung zu den so genannten ignatianischen Exerzitien. Ignatius selbst hat ja bereits eine Form seiner Exerzitien im Alltag für vielbeschäftigte Leute in seinem Exerzitienbuch angegeben. Das ist ohne Zweifel eine Linie, die es da gibt. Aber darüber hinaus ist es eine urchristliche Praxis sich darin zu üben, Gott in allen Dingen der Lebenswirklichkeit zu entdecken. Und es gibt und es gab in der spirituellen Geschichte des Christentums eine ganze Reihe von Methoden, die dem Menschen helfen sollten, in eine lebendige Beziehung mit Gott zu kommen. Ich denke zum Beispiel an die Ruminatio der Wüstenmönche, dieses wiederholende, stille Beten nur eines Wortes vielleicht, oder eines kürzeren Satzes aus der Bibel. Oder ich denke an die Weise, wie Johannes Climacus gelehrt hat Text zu beten. Oder ich denke an diese klassische Weise der Benediktiner: der Lectio, Meditatio, Oratio – in all diesen Dingen geht es, so könnte man es jetzt auf einen Nenner bringen, um zweierlei. Einmal, sich einüben, ein achtsames Herz, eine achtsame Wahrnehmungsfähigkeit für Gott in allem Leben zu gewinnen. Und zum Zweiten, speziell diesen Weg zu gehen, aus den biblischen Texten oft nur ganz wenig herauszunehmen, was mich im Herzen anspricht, und mich mit dem mehr zu beschäftigen als nur mit dem Kopf; Erfahrungswege zu finden,* *damit biblisches Wort immer tiefer in mich eindringt, in mein Herz eingeht, mich ganz und gar ausfüllt und prägt.*

Wenn Günther Lohr heute von Achtsamkeit einüben und wahrnehmen lernen spricht, so meint das letztlich das gleiche wie Exerzitien, d.h. Übungen machen. Am Anfang seines dreibändigen Werks »Grundkurs Ignatianischer Spiritualität«, mit dem ein Übender ein ganzes Jahr lang »Exerzitien im Alltag« machen kann, schreibt der Jesuit Paul Imhof:

Exerzitien dienen der Einübung in das Menschsein vor Gott. Sie sind eine Intensivform des Betens. Der Übende nimmt sich viel Zeit, das Wort Gottes zu betrachten. Er will neu daraus leben. In Exerzitien geht es darum, das eigene Leben so zu ordnen, dass man – versöhnt mit seiner bisherigen Geschichte – in der Gegenwart Gottes den nächsten sinnvollen Schritt in die Zukunft zu tun lernt.

Das Wort Exerzitien ist eng verknüpft mit dem so genannten Exerzitienbuch des Ignatius von Loyola. Der Gründer des Jesuitenordens hat dieses Buch im 16. Jahrhundert aufgrund seiner eigenen Erfahrungen beim Üben und mit Übenden niedergeschrieben. Das Werk wurde zum überzeitlich gültigen Klassiker des geistlichen Lebens in der katholischen Spiritualität der Neuzeit. Eine Kernaussage des Exerzitienbuches lautet:

»Nicht das Vielwissen sättigt die Seele, sondern das Verspüren und Verkosten der Dinge von innen her.«

Wie kann nun das Verkosten, Einüben, Ordnen und Versöhnen konkret werden? Welche Stationen durchläuft solch ein vierwöchiger Erfahrungsweg, auf den sich die Übenden einlassen?

Günther Lohr: *Diese Exerzitien-Wochen haben je nach Konzept, Exerzitienmodell verschiedene Überschriften, aber die Grundlinie, die in diesem Konzept wohl immer da ist, ist zunächst einmal eine erste Woche, in der ich mich in dieses ganze Unternehmen einfinden muss und vertraut werde mit gewissen Grundhaltungen. Ich könnte auch sagen, wenn ich das Bild vom geistigen Hausbau, um den es geht, aufgreife, es ist eine Bemühung, den „Arbeitsplatz" einzurichten, vertraut zu werden mit dem Grundhandwerkszeug und den Grundhaltungen eines solchen*

Weges. Das wäre vor allem die Aufgabe, mich einzuüben in Offenheit und Sammlung, Achtsamkeit und Stille.

Das Exerzitienmodell des vorliegenden Übungsbuches formuliert das Anliegen für die erste Übungswoche so:

Die Zeiten und Übungen der ersten Woche möchten Sie »auf den Geschmack« bringen, den Geschmack der Stille und der Aufmerksamkeit. Sie möchten Sie einladen, mit Jesus zu gehen und auf ihn zu hören.

Im Zentrum der »Exerzitien im Alltag« steht also zunächst etwas, das einen starken Kontrast bildet zur täglichen Erfahrungswelt fast aller Teilnehmer: die Stille. Erklärt sich die Anziehung der »Exerzitien im Alltag« vielleicht dadurch, dass hier viele darauf hoffen, ein Defizit befriedigen zu können?

Günther Lohr: *Ein Punkt, der die Teilnehmer natürlich so anzieht, ist die Stille, das ist ganz richtig. Diese Erfahrung mache ich in meiner ganzen Arbeit, dass Meditationsangebote, wo es vor allem um Stille geht, die größte Resonanz haben. Dann ist es allerdings so: Diejenigen, die sich einmal darauf einlassen, machen ihre ersten überraschenden Erfahrungen: Ich suche die Stille und finde zunächst Unruhe. Oder vielleicht noch mehr: Sie stellen fest, es ist gar nicht so leicht, mich auf Übungen einzulassen, in denen es um Stillwerden geht. Ich merke erst in diesem Augenblick, in welchem lauten Leben ich mich bisher befunden habe. Und wenn ich es dann aber treu tue und immer wieder versuche, dann merke ich: Der eigentliche Lärm ist gar nicht der da draußen, sondern jener, der in mir ist. Es ist in mir so viel da, was laut ist, was mich abzieht von einem entschieden gottbezogenen Leben, von einem gesammelten Leben. Das ist eine zweite Erfahrung und die ist nicht leicht zu verarbeiten. Aber auf diesem Weg der Stille ist es wiederum ganz entscheidend wichtig, ganz treu und mit Geduld einfach weiterzugehen und immer wieder weiterzugehen.*

Die Erfahrungen der 1. Exerzitienwoche in der Fastenzeit

Wie ist es nun Teilnehmern tatsächlich mit diesem Angebot ergangen? Ulrike Faulhaber ist Gemeindereferentin in der Münchner Pfarrei St. Josef und hat dort und in anderen Gemeinden schon mehrfach Gruppen bei »Exerzitien im Alltag« begleitet. Im Herbst 1996 hat sie sich mit anderen Begleitern auf die diesem Band zugrunde liegenden »Exerzitien im Alltag« vorbereitet, indem sie sie selbst machte. Ulrike Faulhaber beschreibt ihre Erfahrung mit der ersten Woche:

In der ersten Woche, wo es ums Stillwerden ging, habe ich einfach gespürt, dass ich drin bin. Es hat mich dann trotzdem noch einmal neu angesprochen, alles mit wachen Sinnen wahrzunehmen, durch den Tag zu gehen, und meine Mitte auch bewusst zu suchen. Das ist nicht etwas, was immer da ist, egal ob man jetzt regelmäßig sich eine stille Zeit nimmt oder nicht. Dies ist ein Langzeitthema für jeden.

Wir fragten auch Teilnehmerinnen, die von Ulrike Faulhaber bei »Exerzitien im Alltag« begleitet wurden, wie sie die erste Woche erlebt haben. Eine Frau war zum zweiten Mal dabei:

Ich war etwas enttäuscht, weil es mir nicht so gut ergangen ist. Ich hab mir selbst einen Zwang auferlegt und deshalb bin ich enttäuscht, dass ich nicht lockerlassen konnte. Ich habe den Vergleich zum Vorjahr gezogen, wo ich fast euphorisch nach der ersten Woche war und ich habe eben dadurch meine Erwartungen gehabt. Und es hat sich ganz anders entwickelt. Aber ich bin trotzdem zuversichtlich, es kann sich noch alles ändern.

Eine andere Frau machte zum dritten Mal mit und hatte ebenfalls Anlaufschwierigkeiten:

Für mich war es auch ein bisschen schwierig, und zwar waren in dieser Woche sehr viele meditative Übungen, und da ging es also darum, dass man zunächst in der Anleitung liest, was man tun soll und dann versucht in die Meditation zu kommen. Und das hab ich nicht so in eins bekommen.

Wahrscheinlich müsste ich versuchen, mich noch stärker vom Text zu lösen und einfach in die Stille zu kommen: so zu machen, wie ich es mir vorstelle, weil sonst vom Text her es einfach nicht geht. Man ist ein Stück in der Stille und liest dann nach, wie geht es weiter, das stimmt einfach nicht zusammen.

Beiden sind aber trotz ihrer Anfangsschwierigkeiten auch gute Erinnerungen geblieben:

- Eine Übung dieser Woche war es, im Freien zu meditieren, das heißt im Gehen, und ich habe das zweimal gemacht, das war in dieser Woche ein Tag, in dem man sich eine Übung raussuchen konnte. Einmal wars ein Spazierweg am Sonntag und einmal war es mein Weg zur Arbeit. Und das fand ich schon eine interessante Erfahrung, langsamer zu gehen, so vieles, was man auf dem Weg zur Arbeit eigentlich jeden Tag sieht, einmal mit anderen Augen zu sehen und z.B. zu spüren, wie fühlt sich der Boden an. Das fand ich eigentlich eine sehr schöne und spannende Erfahrung.
- Also das, was mir weiter im Kopf bleibt, ist: Was ich gerade tue, erlebe ich bewusst. Und das taucht so öfter am Tage wieder auf, wo ich mir klar werde, jetzt bin ich in Gedanken schon wieder woanders, jetzt denke ich ans Nächste, oder bin noch beim Letzten, aber nie in der Situation. Das möchte ich mir überhaupt mitnehmen, so fürs ganze Jahr, mir dessen, was ich gerade tue, öfter bewusst zu werden.

Die Erfahrungen der 2. Exerzitienwoche in der Fastenzeit

Die erste Woche setzt also starke Impulse zur Intensivierung der eigenen Wahrnehmung. Die Sinne werden angesprochen und im Alltag geübt. Aber was sollen die geschärften Sinne wahrnehmen?

Günther Lohr: *In der nächsten Exerzitienwoche geht es dann darum, gewissermaßen das Fundament anzuschauen, von dem aus ich mich auf diesen Weg einlasse. Und dieses Fundament könnte man in zwei Fragen aufgliedern: Eine erste wäre, wer ist denn eigentlich in dem Augenblick, wo ich jetzt beginne diesen Weg zu gehen, Gott für mich? Wie sehe ich ihn, was für ein Gottesbild habe ich? Und der zweite Teil ist, dass ich mich frage: Wenn ich jetzt einmal schaue, was die Bibel über die Erfahrung der vielen,*

vielen Generationen vor mir von diesem Gott erzählt, wer er für mich sein will, was macht das mit mir?

Das Exerzitienmodell formuliert es so:

Die Meditationsimpulse der 2. Woche bringen Schriftworte, die Antwort geben auf die Sehnsucht des Menschen danach, gesehen, angenommen, geliebt zu werden.

Nach dem Bericht von Ulrike Faulhaber kann das in dieser Woche tatsächlich nachvollzogen werden:

Bei der zweiten Exerzitienwoche hat mich diese Erfahrung sehr angesprochen: Ja, ich habe dich eingezeichnet in meine Hände, ich habe dich bei deinem Namen gerufen – einfach dieses Geliebt- und Umfangensein von Gott, mich da reinzugeben und sein Ebenbild zu sein, und auf ihn zu hören also kurz: dieses Sich-Öffnen für Gott.

Die Erfahrungen der 3. Exerzitienwoche in der Fastenzeit

Mit klarerem Wissen um die eigenen Vorstellungen von Gott und gestärkt durch den Zuspruch der biblischen Texte, gehen die Übenden in die dritte Fasten-Woche, in der sie besonders gefordert werden.

Günther Lohr: *In der dritten Exerzitien-Woche geht es dann darum, auf dieser Basis mit den eingeübten, jetzt immer mehr eingeübten Grundhaltungen mein Leben einmal in den Blick zu nehmen. Mich anzuschauen, wer, wie ich bin. Im Verhältnis zur Schöpfung, zu den Mitmenschen, zu Gott. Denn der Weg der Gottesbegegnung ist immer ein Weg der Selbstbegegnung.*

Im Exerzitienmodell ist die Herausforderung noch deutlicher angesprochen:

In der dritten Exerzitien-Woche geht es darum, die eigenen Verletzungen und Grenzen, ungelebtes Leben und Versagen wahrzunehmen unter dem liebenden Blick Gottes, der unsere Heilung will: Jesus sagt von sich: »Ich bin gekommen, dass sie das Leben haben und es in Fülle haben.«

Wenn die Übenden in der dritten Exerzitien-Woche eingeladen werden, ihren Blick auf die Schmerzpunkte des eigenen Lebens zu richten, könnte es für Einzelne vielleicht sehr schwierig werden, das auszuhalten. Günther Lohr erklärt, welche Hilfen den Teilnehmern zur Verfügung stehen, um auch mit einer schmerzlichen Auseinandersetzung fertig werden zu können:

Also einmal denke ich, es ist sehr wichtig, zu sagen, dass »Exerzitien im Alltag« Methoden verwenden, die nicht forcierend sind. Bei denen es nicht darum geht, es ganz gezielt auf etwas anzulegen und das bei jemand herauszukitzeln. Also keine forcierenden Methoden. Das bedeutet andererseits Methoden, Wege, bei denen die in den Menschen gewissermaßen eingebaute Sicherheit, gemäß der soviel zutage kommt, wie ich auch tragen kann, dass diese Sicherheit auch wirksam werden kann. Ein Zweites ist, dass eine Umschmelzung, Wandlung, Reinigung auf diesem Weg von Gott her geschieht. Gerade hierbei dürfen wir darauf vertrauen, dass das, was bewegt wird, wir auch tragen können. Das Dritte ist dies: »Exerzitien im Alltag« sind ja begleitet, es ist immer jemand da, der erfahrener ist auf diesem Weg, an den ich mich wenden kann, ein Gespräch suchen kann für Schwierigkeiten, die aufgetaucht sind. Ein Viertes: »Exerzitien im Alltag« legen großen Wert drauf, dass alle Teilnehmerinnen sich einmal pro Woche treffen zum Erfahrungsaustausch. Das ist auch eine Form der Begleitung, mit anderen, die auf diesem Weg sind, mich auszutauschen, von mir zu erzählen und auf sie zu hören, sich einander zu ermutigen und zu stützen. Also es sind da ganz viele Dinge, die dem entgegenkommen, die da eine Hilfe sind.

Wird diese Erfahrung mit der Begleitung von den Teilnehmern auch so wahrgenommen?

Eine Teilnehmerin: *Für mich ist im Austausch sehr wichtig zu hören, wie es den anderen ergangen ist. Es ist auch ein Trost, wenn andere erzählen, sie haben auch Probleme gehabt, das hilft mir dann leichter darüber weg zu kommen. Einfach in der Runde von jedem die Meinung und die Schwierigkeiten und die Freuden, die auch jeder Einzelne erlebt hat, auszutauschen, das macht es lebendiger.*

Wie kann nun diese dritte Woche tatsächlich erfahren werden?

Ulrike Faulhaber: *In der dritten Woche geht es darum wahrzunehmen, dass nicht alles heil ist, dass aber Gott seine Liebe immer zusagt, dass es nicht von vornherein heil* zu sein braucht, sondern es darum geht, dass ich meine Wahrheit erkenne und sie dann auch hinbringe. Und das war mir einfach auch wichtig, diese Meditation, meine Wahrheit zu Jesus zu bringen. Es war mir auch wichtig, bewusst in dieser Woche darauf hin zu leben, auch mit dieser Frage zu leben und mich von Gott her wandeln zu lassen.

Die Erfahrungen der 4. Exerzitienwoche in der Fastenzeit

Auch der vierten Fasten-Woche der »Exerzitien im Alltag« ist eine bestimmte Rolle in der Dynamik dieses geführten Weges zugeteilt.

Günther Lohr: *Die vierte Woche wäre dann, in leisen kleinen Schritten einmal zu schauen, wie könnte der Weg ausschauen, dass ich auf meine unverwechselbare eigene Art Gott im Leben Gestalt werden lasse. Ganz kleine Schritte. Ich glaube, da ist dieses Wort von Frère Roger aus Taizé sehr hilfreich: Lebe das, was du vom Evangelium verstanden hast, und sei es noch so wenig, aber lebe es. Also es kommt in der vierten Woche nicht auf große Pläne an, sondern darauf, die kleinen Dinge, die ich wirklich verstanden habe, konkret ins Leben einzubringen.*

Das Exerzitienmodell fasst das Anliegen der Abschlusswoche zusammen:

In der letzten Exerzitienwoche in der Fastenzeit geht es um die vertrauensvolle Hinwendung an Gott, meine Bereitschaft, auf ihn zu hören, mein Verhalten gegenüber meinen Mitmenschen, meine Schätze im Alltag zu sehen und mit ihnen zu leben.

Für Ulrike Faulhaber hatten die Wochen ihren eigenen Gewinn: *Ich habe diese vier Wochen eigentlich als eine geschenkte Zeit für mich selber erfahren, für mich wieder etwas zu tun, und Selbsterfahrung zu sammeln mit diesen Meditationen: Wie es mir damit geht.*

Und wie geht es weiter?

Paul Imhof schreibt dazu in seinem Grundkurs Ignatianischer Spiritualität:

In einem gewissen Sinn kann man sagen, dass ein Exerzitienprozess nie an ein Ende kommt; gewiss gibt es Phasen, die in sich eine ganze Gestalt beinhalten. Aber von der Grunddynamik her sind auch diese Phasen offen nach vorne. Ist ein geistliches Leben doch erst dann am Ziel, wenn es in der Ewigkeit Gottes angekommen ist.

Diese Erfahrung, dass etwas weitergeht bzw. weitergehen sollte, hat sich bei den »Exerzitien im Alltag« sofort bemerkbar gemacht.

Eine Frau, die 1997 zum dritten Mal teilnahm, berichtete: *Wir haben uns im Anschluss an die Exerzitien in einer Gruppe einmal im Monat getroffen und haben uns da vor allem mit Psalmen beschäftigt. Und das war für mich schon so eine neue Begegnung mit den Bildern, also mit dieser Bildersprache der Psalmen, vor allem mit den Verheißungen, mit dem Trost, den ja viele Psalmen ausstrahlen. Ja, es war mir wichtig, ich kann jetzt nicht sagen, dass mich das von Kopf bis Fuß verändert hat, aber ich denke, es sind auch Dinge, die sehr, sehr langsam gehen.*

Der Arbeitskreis »Exerzitien im Alltag« der Erzdiözese München und Freising unter der Leitung von Günther Lohr hat dieses Bedürfnis nach Hilfen für die Zeit nach den Exerzitien ebenfalls wahrgenommen und deshalb eine Handreichung zusammengestellt:

Interessant ist, dass mir bei dem ersten großen Durchgang, den wir 1995 gemacht haben, etwa 70 Prozent der beteiligten Personen und Gruppen gesagt haben, wir wollen diesen Weg weitergehen, dass mein Alltag immer mehr zur Übung wird und ich im Alltag übe. In verschiedenster Gestalt, als Meditationsgruppe, als Gruppen-Glaubensgespräch, als Bibelgesprächsgruppe oder als eine Gruppe, die einfach in der bisherigen Weise der »Exerzitien im Alltag« weiterübt – jeder für sich und in gewissen Abständen, vielleicht nicht mehr wöchentlich, aber zwei-, drei-, vierwöchentlich ein Gruppentreffen, um sich über die Erfahrungen des zurückliegenden Wegabschnittes auszutauschen. Das ist die eine Geschichte, wie es weitergehen kann und konkret für viele weiterging. Ein Weiteres ist, dass bei diesen Versuchen immer mehrere die Erfahrung gemacht haben, so leicht ist das gar nicht, weiterzugehen, und wir würden uns etwas wünschen, was uns da hilft. Aufgrund dessen haben wir jetzt eine Handreichung für den Weg nach den Exerzitien ausgearbeitet. Darin sind enthalten einige Tips und Anregungen, wie der Einzelne den Übungsweg nach Exerzitien weitergehen kann und wie Gruppen ihre Treffen gestalten können. Außerdem Hinweise auf die Bedeutung von geistlicher Begleitung, sowie auf andere Exerzitienangebote in der Diözese.

Diese »Exerzitien im Alltag« sind also nicht nur ein einmaliges Ereignis im Jahreslauf, sie wirken auch konkret in das Leben der Pfarrgemeinden hinein.

Ulrike Faulhaber: *Diese »Exerzitien im Alltag«, diese Aktionen der Diözese, erlebe ich als einen großen Pluspunkt, und es ist auch spürbar, dass da in den Gemeinden etwas in Bewegung kommt, auch unter denen, die sie gestalten. Ich sehe die »Exerzitien im Alltag« als eine Chance in der Entwicklung der Gemeinde. Ich habe folgende Erfahrung gemacht: Gerade dadurch, dass sich dann Gruppen bilden, die engagierter vor dem Hintergrund der Exerzitien so einen Weg gehen wollen, dass da Glaubensgruppe wachsen kann, dass Leben geteilt wird. Ich denke, dass dies eine Chance für Gemeinden ist, und letztlich auch eine Form für Gemeinde in Zukunft. Denn die Großgemeinde hat irgendwann mal keinen Atem mehr, aber in verschiedenen kleinen Gruppen in Gemeinden ist Leben möglich: Leben teilen, Glauben teilen – das sehe ich als Frucht dieser »Exerzitien im Alltag«.*

Wir sind zu Beginn davon ausgegangen, dass alte Praktiken des christlichen Lebens immer mehr vergessen werden. »Exerzitien im Alltag« sind ein Versuch, vieles davon zu bewahren, neu zu beleben und in zeitgemäßer Form anzubieten. Damit beginnt die Erneuerung einer regelmäßigen Hinwendung zu Gott im Gebet mit der Übung, dabei still zu werden, mich wahrzunehmen, Empfindungen wirken zu lassen. Die Übung setzt sich dann über verschiedene Weisen fort: mich in die Texte der Hl. Schrift zu versenken und mich dabei gleichzeitig mit mir selbst auseinanderzusetzen mit dem Ziel, im Alltag auf Gottes Wort zu hören. Könnte man dann aber solche Übungen nicht immer machen? Gibt es überhaupt eine Beziehung zwischen den »Exerzitien im Alltag« und der Fastenzeit?

Günther Lohr: *Natürlich gibt es eine ganz intensive Beziehung. Zunächst lädt das Kirchenjahr uns Christen ja gewissermaßen Jahr für Jahr ein, das Grundthema unseres Lebens, meine Menschwerdung in der Begegnung mit Gott, zu leben. Das wird eröffnet* *mit dem Fest der Menschwerdung (Advent und Weihnachtszeit), und zu diesem Prozess einer reifen Menschwerdung in der Begegnung mit Gott, eines erlösten Menschseins, gehört auch die Phase der Umkehr von einem ichbezogenen Leben, bei dem ich nur mich im Sinn habe, dass ich gut ankomme, dass es mir gut geht, dass ich geliebt werde, und und und, – zu einem mehr oder entschieden Gott-bezogenen Leben. Von einer entfremdeten Lebensgestalt zu einer erlösten Lebensgestalt. Und die Kirchenjahreszeit schlechthin, in der es intensiv um dieses Thema der Umkehr und Wandlung geht, ist die Fastenzeit. Man hat immer gesagt, die Fastenzeit sei eine Wüstenzeit, in der der Mensch sich dafür bereit macht, von Gott verwandelt zu werden; sich Gott überlässt, damit dieser ihm nahe kommt und ihn verwandelt. Und Exerzitien sind nichts anderes als eine geführte Wüstenzeit. Also sie passen ausgezeichnet besonders in diese Fastenzeit hinein.*

Einleitung

> »Du musst nicht über die Meere reisen, musst keine Wolken durchstoßen und nicht die Alpen überqueren. Der Weg, der dir gezeigt wird, ist nicht weit, du musst deinem Gott nur bis zu dir selbst entgegengehen. Denn das Wort ist dir nahe: Es ist in deinem Mund und in deinem Herzen«.
>
> Bernhard von Clairvaux

Die Exerzitien im Alltag möchten Sie einladen, diesen Weg zu sich selbst zu gehen, zu entdecken, dass Gott und sein Wort Ihnen nahe ist.
In unserem Alltag sind verborgene Schätze und Reichtümer, die durch die Zeiten der inneren Einkehr ins Bewusstsein gehoben werden und unser Leben reicher, farbiger, liebevoller werden lassen. Tägliche Begebenheiten, die Freude bereiten, in denen liebende Zuwendung erfahren wird, versinken nicht in die Vergessenheit.

Der Grundstock dieses Übungsbuches entstand im Zusammenhang mit den »Exerzitien im Alltag« 1997 in der Erzdiözese München und Freising. Die Autorinnen dieser Materialien haben die bisherige Einteilung der »Exerzitien im Alltag« in vier Fastenwochen durch zwei weitere Wochen ergänzt: Advent mit Weihnachten und Passion mit Ostern. Die bisherigen fünf Begleittreffen wurden folglich um zwei erweitert und an jener Stelle im Verlauf der Exerzitien platziert, wo sie auch zeitlich stattfinden sollten. Auch die »Handreichung« für die Fortsetzung der Exerzitien im Lauf des Jahres wurde mit der Genehmigung des Seelsorgereferates der Erzdiözese München und Freising abgedruckt.

Wie übe ich mit diesem Buch?

Diese »Exerzitien im Alltag« können sowohl von Gruppen als auch von Einzelnen benutzt werden. Hierzu können alle Meditationsmodelle der Exerzitienwochen und Wochentage sowie die Vorschläge aus der Handreichung von allen geübt werden. Eine besondere Verwendung haben die Begleittreffen.

1. Exerzitiengruppen mit Exerzitienbegleiter(n)

- ❒ Die *Exerzitienbegleiter* benutzen für die wöchentlichen Begleittreffen die sieben am Rand markierten *Begleittreffen-Übungen*, siehe dazu Näheres S. 42ff.
- ❒ Die *einzelnen Teilnehmer* benutzen nach vorhergehender Lektüre der *Einleitung* nur die Übungsvorlagen für die Wochentage und wahlweise die *Anfangsgebete, Wahrnehmungsübungen zum Stillwerden,* und die *Abschlusstexte* aus der Einleitung je nach Bedarf, s.S. 32ff.

2. Exerzitiengruppen ohne Exerzitienbegleiter

Die in Exerzitien im Alltag oder in anderen Arten christlicher Meditation/Kontemplation bereits erfahrenen Gruppen können im Lauf des Jahres oder der Jahre das Buch für die Fortsetzung ihrer Übung ähnlich wie oben skizziert benutzen.

- ❒ Es wird empfohlen, die Begleittreffen in eigener Regie anhand der vorliegenden Modelle und mit *wechselnden Leitern der Begleittreffen* aus der Gruppe durchzuführen.
- ❒ *Die einzelnen Teilnehmer* üben unter der Woche individuell – wie oben empfohlen. Die Erfahrenen können ihre Tagesübungen aus dem Gesamtprogramm des Buches auswählen und individuell gestalten.

3. Individuelle Teilnehmer der Exerzitien im Alltag

Das Buch kann von individuell Übenden in dreifacher Verwendung benutzt werden:

Wie übe ich mit diesem Buch?

- ❐ zur ersten *allgemeinen Information*: was Exerzitien im Alltag sind und wie sie von den einzelnen Teilnehmern durchgeführt werden anhand der Einleitung S. 30ff.
- ❐ zur *konkreten Übung*: anhand des Materials der Begleittreffen und der Tagesübungen für bestimmte Exerzitienwochen.
- ❐ Die *Begleittreffen-Texte* sollten vor der jeweiligen Woche durchgelesen werden, siehe die Reihenfolge, S. 45f. und S. 188ff. Daraufhin kann man die vorgeschlagenen Elemente dieser Begleittreffen als Einstimmung für die folgende Woche am Anfang jeder Woche durchmeditieren und üben, bevor man mit den Tagesübungen anfängt bzw. fortfährt.

4. Für alle Teilnehmer der Exerzitien im Alltag

- ❐ Die *Handreichung* ist zur Fortsetzung der Exerzitien im Laufe des Jahres/der Jahre besonders empfohlen. Sie kann zwischen den einzelnen Abschnitten des Exerzitienweges, also z.B. nach dem Abschnitt Advent/Weihnachten bis zur Fastenzeit und nach Ostern bis zum Advent als Überbrückung gebraucht werden.
- ❐ Nach der Beendigung der Übungen von 6 durchstrukturierten Wochen können Exerzitiengruppen mit Begleitern oder ohne Begleiter sowie individuelle Teilnehmer für sich ein eigenes Übungsprogramm anhand der angebotenen Modelle und Impulse gestalten, siehe dazu S. 157ff.

5. Ein besonderer Teil dieses Übungsbuches sind Bildmeditationen

- ❐ Diese sind verteilt über alle Wochen und Teile des Übungsprogramms und werden bei einigen Begleittreffen als besondere Einstimmung verwendet. Alle hier abgedruckten Farbbilder und die meisten Schwarz-weiß-Fotos eignen sich für Bildmeditationen.
- ❐ Sie sollten auch helfen, die Bildmeditation anhand anderer Bilder bzw. Fotos frei im Laufe des Jahres fortzusetzen.
- ❐ Damit wird auch die Fähigkeit eingeübt, Bilder aus der freien Natur während des Spazierganges bzw. einer Gehmeditation auch meditativ anzuwenden und zu verarbeiten.

Dieses Buch bietet eine Menge Übungsmaterial an. Es geht nicht darum, alles für einen Tag Angebotene durchzumachen. Viel wichtiger ist das Verweilen bei Wenigem. Das kann z.B. nur ein Wort aus dem Angebotenen sein. Und sogar mit diesem Wort kann es sein, dass ich mehrere Tage übe.
»Nicht das Vielwissen sättigt die Seele, sondern das Verkosten von innen her« (Ignatius von Loyola): also Mut zur Auswahl, zur Beschränkung und zum Verweilen bei Wenigem!

Mit der Hoffnung, dass viele an den »Exerzititen im Alltag« Interessierte – sei es individuell, sei es in Gruppen – mit diesem Übungsbuch nicht nur einen guten Anfang machen, sondern auch über mehrere Jahre ihre Spiritualität fortbilden können, bis sie dann eigenständig die alltägliche meditative Übung als einen festen Bestandteil ihres Lebens praktizieren, wünschen wir Ihnen viel Freude und Gottes Segen.

Hinweise zur Vorplanung und zur äußeren Gestaltung

Zur Vorbesprechung mit der Familie – zum Immer-wieder-Lesen

1. Ich finde meine Zeit und bleibe ihr treu

Es ist wichtig, an jedem Tag eine feste Zeit (Zeitpunkt und Dauer) zu haben, zu der ich mich zu den Übungen dieses Tages zurückziehe:

- als Hauptbesinnungszeit etwa 30 Minuten,
- zum Tagesabschluss etwa 15 Minuten.

Wir empfehlen, die täglichen Übungen möglichst zur gleichen Zeit zu machen. Ein fester Rhythmus hilft durchzuhalten.
Es soll eine Zeit sein, in der es die Umstände am besten zulassen: z.B. wenn die Kinder schlafen, weg sind, intensiv beschäftigt sind; der Ehepartner es akzeptiert; meine persönliche Verfasstheit und Gewohnheit es zulässt.

2. Ich finde meinen Ort und meine Haltung

Es ist wichtig, den Ort zu finden, an dem ich ungestört bin und mich wohl fühle:

- ein Zimmer, in dem ich zur Ruhe komme; eine Kirche ...
- den Ort einfach und liebevoll herrichten; ein Bild, ein Kreuz, eine Kerze, eine Pflanze, eine leere Wand ... vor mir; so, dass es mir zur Sammlung verhilft;
- evtl. einen Zettel an der Tür »Bitte nicht stören«;
- eine Sitzgelegenheit und eine Art zu sitzen, die mir hilft, entspannt, offen und wach zu sein.

3. Ich finde Wege, um mich nicht ablenken zu lassen

Einige weitere Tips, um in der Übungszeit zur Ruhe zu kommen:

- Telefon abstellen; zudecken; sich entscheiden, nicht abzuheben;
- Absprache mit den Mitbewohnern, in dieser Zeit absolut nicht zu stören – dies schließt ein, dass ich konsequent sitzen bleibe, wenn jemand ruft oder klingelt;
- Zettel und Stift bereitlegen, um evtl. notieren zu können, was mir an nötigen Notizen bzw. Erledigungen einfällt (damit ich es vergessen kann!);
- Wecker oder besser: Küchenwecker, Meditationsuhr bereitstellen und evtl. mit einem Kissen/einer Decke abdecken (damit ich nicht ständig auf die Uhr schauen muss);
- meine Texte für den Tag am Vorabend bereitlegen, auch Papier und Stifte, um mir Notizen machen zu können. Dafür finde ich auch in diesem Übungsbuch gelegentlich einen entsprechenden Platz, wie z.B. S. 46 u.ö.

Struktur der Gebetszeit oder: Die täglichen Schritte des Exerzitienweges

Das folgende Schema soll Ihnen helfen, Ihre stille Zeit zu strukturieren. Die angegebenen Schritte sind eine Hilfe, sich innerlich auszurichten auf Gott.

Ich setzte einen bewussten Anfang

> Ich beginne meine stille Zeit mit dem Anzünden einer Kerze, einem Kreuzzeichen, einer Verneigung ...

Anfangsgebet

> Zum Beispiel: Hier bin ich Gott, vor dir, so, wie ich bin – mit meiner Sehnsucht, meiner Hoffnung, meiner Freude, meinem Ärger, meiner Müdigkeit ...
>
> Hilf mir zu sehen, was Du mir jetzt zeigen möchtest,
> zu hören, was Du mir jetzt sagen möchtest,
> zu spüren, dass Du mit mir gehst und bei mir bleibst.
>
> So bin ich jetzt da vor Dir.
> (– Oder ein anderes Gebet, in dem ich mich Gott öffne –)

Ich lasse mich entschieden und bewusst auf die folgenden Übungen und Meditationsimpulse ein.

Wahrnehmungsübungen zum Stillwerden
Ca. 5-10 Min., s.S. 32ff.

Meditationsimpuls
Wie für jeden Tag angegeben.

Abschluss
Geste, z.B. Verneigung

Zurückschauen

Wie ist es mir jetzt ergangen?
Was nehme ich mit hinein in meinen Tag?

Wahrnehmungsübungen zum Stillwerden

Die folgenden Übungen sollen Ihnen helfen, still zu werden, indem Sie Ihre Aufmerksamkeit auf das lenken, was Sie jetzt körperlich unmittelbar wahrnehmen können. Die Gedanken und Überlegungen gehen dann zurück und Sie kommen in die Gegenwart.

Im Sitzen

Ich sitze auf einem Stuhl oder Hocker.
Meine Füße ruhen mit der ganzen Fußfläche auf dem Boden.
Meine Knie sind nicht höher als das Becken.
Ich spüre zu meiner Sitzfläche hin, richte mich vom Becken her auf.
Meine Wirbelsäule ist gerade.
Meine Hände liegen auf den Oberschenkeln oder ruhen im Schoß.
Mein Scheitelpunkt zeigt nach oben.
Ich fühle mich getragen vom Stuhl und vom Boden.
Ich spüre meinen Atem, wie er kommt und geht, und lasse mit jedem Ausatmen mehr los.
Ich bleibe ganz aufmerksam in meiner Atembewegung.
Ich verweile in dieser Wahrnehmung ...
Ich beende die Übung, indem ich tief durchatme, die Augen öffne und mich dem Meditationsimpuls zuwende.

Im Liegen

Ich lege mich in Rückenlage auf eine Decke.
Ich nehme wahr, wie ich jetzt da bin.
Ich stelle meine Beine auf und fühle meinen Rücken mit seiner ganzen Breite und Länge auf dem Boden aufliegen.

Ich lasse nun langsam meine Beine ausgleiten, etwa hüftbreit auseinander.
Die Fußspitzen fallen nach außen.
Ich spüre meine Beine auf dem Boden.
Mein Hinterkopf ruht auf dem Boden.
Meine Hände lege ich auf meinen Unterbauch und spüre meine Atembewegung.
Ich bleibe ganz aufmerksam in meiner Atembewegung und lasse mit jedem Ausatmen mehr los...
Ich beende die Übung, indem ich tief durchatme, die Augen öffne und mich dem Meditationsimpuls zuwende.

Im Stehen

Ich stelle mich möglichst ohne Schuhe auf den Boden.
Die Füße sind hüftbreit auseinander:
Ich bewege leicht meine Fußgelenke – die Kniegelenke – die Hüftgelenke – die Schultern – die Arme in den Gelenken.
Ich spüre den Boden unter meinen Füßen.
Ich spüre mein Gewicht – meine Fersen – meine Zehenballen.
Ich drehe meinen Kopf nach links und nach rechts.
Ich lasse ihn auf der Wirbelsäule aufruhen.
Mein Scheitelpunkt zeigt nach oben.
Ich entspanne meinen Hals, indem ich mein Kinn etwas senke.
Ich fühle mich in mein Gesicht ein:
Ich spüre meine Stirne – meine Augen – meine Wangen – meine Nase – meinen Mund.
Wenn ich Anspannungen in diesem Bereichen wahrnehme, versuche ich sie loszulassen.
Ich spüre meine Atembewegung, wie mein Leib durch das Einatmen weit und im Ausatmen wieder schmäler wird. Ich verweile in dieser Wahrnehmung...
Ich beende die Übung, indem ich tief durchatme, die Augen öffne.

Atemgebet

Das Atemgebet verbindet die bewusste Wahrnehmung des Atems mit der inneren Hinwendung zu Jesus, zu Gott.

Ich sitze auf einem Stuhl.
Ich nehme wahr, wie ich jetzt da bin. – Meine Gedanken – meine Gefühle –
Ich spüre wie meine Fußsohlen den Boden berühren.
Ich spüre zu meiner Sitzfläche hin, richte mich vom Becken her auf.
Meine Wirbelsäule ist gerade.
Mein Scheitelpunkt zeigt nach oben.
Ich lege meine Hände auf meinen Unterbauch.
Ich sammle mich in meiner Leibmitte, da, wo meine Hände liegen.
Ich spüre, wie sich meine Bauchdecke beim Einatmen wölbt
und beim Ausatmen wieder senkt. Ich lasse den Atem frei fließen.
Ich bin mit meiner ganzen Aufmerksamkeit in dieser Atembewegung.
Ich bete innerlich mit meinem Atem und der Anrufung Jesu:

Beim Einatmen bete ich »Je«
und beim Ausatmen »sus«.
Oder beim Einatmen »Jesus«
beim Ausatmen »erbarme dich meiner«,
immer wieder in meinem Atemrhythmus.

Ich verweile in diesem Gebet.
(Ich kann auch ein anderes Gebetswort nehmen z.B. Du, Ja …)
Wenn sich Zerstreuungen einstellen, kehre ich wieder zurück zu der Anrufung Jesu.

Stille

Ich beende die Meditation, indem ich tief durchatme, mich bewege und die Augen öffne.

Das Gebet der liebenden Aufmerksamkeit

Tagesrückblick

Das Gebet der liebenden Aufmerksamkeit ist eine immer gleichbleibende Übung, die für jeden Tag empfohlen wird. Vielleicht praktizieren Sie einen solchen Tagesrückblick schon in gewisser Weise. Das hier vorgeschlagene »Gebet der liebenden Aufmerksamkeit« soll bewusst Ihren Alltag vor Gott hinbringen.

Ich nehme wahr, wie ich jetzt da bin.

Ich richte mich innerlich auf Gott oder Jesus Christus hin aus, so, wie mir das jetzt möglich ist.

Ich bitte ihn, dass Er mir hilft, mich und meinen Tag heute mit offenen Augen und Ohren wahrnehmen zu können.

Ich schaue, was mich jetzt bewegt und berührt von dem, was ich heute erlebt habe:

> Sein liebevoller Blick auf mich erinnert mich daran, selbst mit Liebe (ohne Wertung und Urteil) zurückzublicken, wie ich heute
>
> - ❐ mit anderen
> - ❐ mit Gott
> - ❐ mit mir selbst umgegangen bin.
>
> Ich blicke hin, wo ich gespürt habe:
>
> - ❐ Ermutigung
> - ❐ Trost
> - ❐ Hoffnung

und auch dahin, wo ich gespürt habe:

- ❐ Misstrauen
- ❐ Angst
- ❐ Entmutigung

Ich bringe vor ihn, wie im Gespräch mit einem guten Freund, einer guten Freundin:

- ❐ Bitte
- ❐ Dank
- ❐ Klage
- ❐ Lob ...

Wie meditiere ich einen biblischen Text?

Zu den in diesem Buch vorgeschlagenen biblischen Texten sind jeweils Hinweise zur Meditation gegeben. Sollten Ihnen diese zu wenig sein bzw. sollten Sie ein allgemeineres Schema zur Meditation biblischer Texte suchen, können Sie die folgenden Schritte auf biblische Texte anwenden, vgl. auch dazu die Handreichung, S. 181-185 und 194-196.

1. Sich vorbereiten

Der Kirchenvater Ephraem der Syrer vergleicht die Vorübungen zum Gebet mit den Vorbereitungen der Perlenfischer. Sie verlassen ihre Hütte und gehen an den Strand. Dort legen sie alles ab, was sie am Tauchen hindert. Dann fetten sie sich ein und suchen sich einen geeigneten, handlichen Stein, mit dem sie abtauchen können, um zu den Perlen zu gelangen ...
So muss ich auch, wenn ich einen biblischen Text meditiere, alles hinter mir lassen und alles ablegen, was mich daran hindert, mit Leib und Geist ganz »da« zu sein. Dann suche ich mir einen »geeigneten Stein«, der mich in die richtige Tiefe führen kann.

Neben den Vorübungen zur Sammlung und des Zur-Ruhe-Kommens gehört die ausdrückliche Absicht, sich vom Wort der Schrift ansprechen und verändern zu lassen, in das Bemühen jeder Meditation hinein. Das Ziel aller biblischen Meditation ist: hineinzuwachsen in die Gesinnung, die dem Leben in Christus entspricht (Phil 2,5). Diese Intention formuliere ich in einem Vorbereitungsgebet.

2. Suchen, Entdecken

Bei der Meditation eines biblischen Textes kommt es vor allem darauf an, dass ich etwas entdecke, das mich ganzheitlich anspricht und in »Bewegung« bringt. Darum muss ich selbst den vorgelegten Meditationsstoff absuchen so lange, bis ich auf etwas stoße, das mich selber angeht: z.B. ein Wort, das mich stärkt und befreit, oder eine plötzliche Einsicht, die mich heilsam schmerzt oder beunruhigt. Jede kleine »Bewegung« in Richtung auf den verborgenen Schatz im Acker muss zunächst einmal wahrgenommen werden. Sie führt zum Aufhellen und »Verkosten« des Meditationstextes von innen her.

3. Verweilen

Ich verweile jeweils bei dem, was mich persönlich anspricht und »bewegt«, und zwar so lange, bis es sich »erschöpft« hat. Sonst verliert sich das eben Entdeckte im Gedränge ruheloser Gedanken und flüchtiger Eindrücke. Es kommt nicht zu einem »Spüren und Verkosten von innen her« (Ignatius von Loyola). Erst dann mag ich weiter im Acker des Schrifttextes graben.

4. Reflektieren, Vertiefen

Der vorgelegte Meditationsstoff steckt den Rahmen ab, innerhalb dessen ich auf die Suche gehe. Das ist eine Beschränkung im Rahmen, nicht in der Tiefe. Einer weitergehenden Vertiefung dienen dann die Reflexion nach der Gebetszeit und (eine) Wiederholungsmeditation(en) zu einer späteren Zeit:
Nach jeder Meditation empfiehlt es sich, eine Weile ... darüber zu reflektieren, was sich im Verlauf der Meditation getan oder nicht getan hat. Welches Gefühl, welcher Gedanke, welches Wort, welche Frage, kurz: welcher Impuls hat mich angesprochen, »bewegt«? Welche Entdeckung habe ich gemacht?

Diese Rückschau bereitet die nächste Meditation vor, in der ich auf die Anregungen aus der vorangegangenen Meditation zurückkomme. Ignatius von Loyola gibt in seinem Exerzitienbuch für eine solche vertiefende Wiederholung die Anweisung, »jene Punkte festzuhalten und bei ihnen eine Pause zu machen, bei denen ich je größeren Trost oder Trostlosigkeit oder je tieferes Verspüren des Geistes empfunden habe«, oder an anderer Stelle: »wobei immer einige jener bedeutsameren Teile beachtet werden, bei denen ich eine bestimmte Erkenntnis, Tröstung oder Trostlosigkeit verspürt habe« (Nr. 62 und 118).

So kann ich mich dafür disponieren, mich allmählich in die Dynamik des Schrifttextes, in die Tiefe des meditierten Glaubensgeheimnisses hineinverwandeln zu lassen.

5. Begegnen

Durch diesen Übungsweg bereite ich mich für die Begegnung mit dem, der sich im Wort der Schrift zu erkennen gibt. Ich spüre, wo ich mit dem »Weg Jesu« übereinstimme und wo ich mich ihm verweigere.

6. Mit Ehrfurcht

Wer einen biblischen Text meditiert, muss sich um eine Haltung der Ehrfurcht bemühen gegenüber dem eigentlich Handelnden: *Gott*. Das persönliche Neuentdecken sowie das »Verspüren und Verkosten« des Meditationsstoffes von innen her sind ein zutiefst gnadenhaftes Geschenk. Erst die von Jesus und seinem Geist geschenkte Auslegung kann den vollen Sinn des biblischen Textes erschließen.

7. Mit Enschiedenheit

Wer sich um den Acker des Schrifttextes müht, kann nur »Erfolg« haben, wenn er von vornherein entschlossen ist, auch zu *tun*, was er erkennen wird. Wer erst im Nachhinein entscheiden möchte, ob er das für sich als »stimmmig« Erkannte auch verwirklichen will, verbaut sich von vornherein den Weg für ein tieferes Erfassen und Ergriffenwerden vom Wort Gottes. »Selig, die das Wort Gottes hören, um es zu befolgen« (Lk 11,28; vgl. 8,21).

8. Beenden

Es ist wichtig, dass die Meditation einen ausdrücklichen Abschluss findet. Das kann geschehen

- mit einem persönlich formulierten Gebet, in dem meine Antwort widerklingt auf das, was mich im Verlauf der Meditation »bewegt« hat (loben, danken, bitten...);
- mit einer kurzen Gebetsformel, z.B. »Ehre, sei dem Vater ...«;
- mit einer (tiefen) Verneigung.

Aus: P.Köster/ H. Andriessen, Sein Leben ordnen. Freiburg u.a. 1991, 30-34.

Meditative Treffen in Gruppen

Es ist gut, wenn Sie den Weg der Exerzitien im Alltag nicht ganz allein gehen, obwohl auch dies möglich ist. Sollten Sie Gleichgesinnte finden, die mit Ihnen zusammen diesen Weg gehen, können Sie sich immer wieder – jeweils wöchentlich – zu Meditation und Austausch treffen.

Für die Gestaltung dieser Treffen finden Sie in diesem Buch Vorschläge an den entsprechenden Stellen, die am Rand markiert sind, siehe S. 47-54, 73-76, 87-92, 103-106, 117-121, 131-134, 149-151, und 191-196.

Es ist nötig, die Gestaltung der Begleittreffen den konkreten Bedingungen vor Ort und Ihrem persönlichen Stil anzupassen (Sprache, Lieder, Übungen ...).

- Achten Sie besonders auf eine dem gesamten Treffen und den einzelnen Übungen angemessene Atmosphäre (Raumgestaltung, Stille, Heizung ...).
- Besondere Bedeutung haben das gemeinsame Üben und die Kleingruppengespräche vor allem, wenn die gesamte Gruppe für den Austausch zu groß ist. Für die Kleingruppengespräche benötigen Sie nicht unbedingt eigene Räume.
- Ein Begleittreffen wird etwa zwei Stunden dauern.
- Reflektieren Sie nach jedem Abend, ob die Zeiten, die für einzelne Abschnitte vorgesehen waren (z.B. Kleingruppengespräch, Vortrag, Plenum) angemessen gewesen sind. Ändern Sie dies bei Bedarf!

Hinweise für die Kleingruppengespräche

Es geht bei diesen Gesprächen nicht darum, theologisches oder sonstiges Wissen zu verbreiten oder darüber zu diskutieren, was richtig oder falsch ist.
Sie dienen vielmehr dazu, auf dem Exerzitienweg persönliche Erfahrungen auszutauschen, sich gegenseitig zu fördern und zu ermutigen. Deswegen sind persönliches Erzählen und einfühlsames Zuhören, Achtung voreinander und gegenseitige Wertschätzung wichtige Haltungen, mit denen die Gesprächsteilnehmer/innen einander begegnen.
Persönliche Gespräche gelingen auch dann besser, wenn der äußere Rahmen dazu einlädt, sich füreinander zu öffnen.

Dem dient z.B.:

- wenn die Begleiter der Exerzitien im Alltag vor den Gesprächen mit einer entsprechenden Übung noch einmal zu einem persönlichen Rückblick einladen;
- wenn die Kleingruppengespräche von Personen begleitet werden (Moderatoren), die sich vorher auf diese Aufgabe vorbereitet haben;
- wenn die Gruppen nicht zu groß sind;
- wenn kein zu helles Licht den Raum erleuchtet;
- wenn sich immer die gleichen Teilnehmerinnen und Teilnehmer in einer Gruppe treffen, so dass sie besser miteinander vertraut werden.

Aufgabe der Moderatoren

Die Moderatoren achten in den Kleingruppengesprächen darauf, dass

- der Charakter der Kleingruppengespräche gewahrt bleibt,
- alle etwas sagen *können,*
- Einzelne nicht zu lange sprechen,
- Teilnehmerinnen und Teilnehmer die vorgenannten Gesprächshaltungen beachten,
- der Erfahrungsaustausch in Gang kommt.

Themen für die Gespräche

- Wie ist es Ihnen in der vergangenen Woche ergangen (Ort, Zeit, Umstände, Haltung)?

- Wie sind Sie mit den Vorlagen zurechtgekommen?
- Welche Erfahrungen, Entdeckungen konnten Sie machen?
- Welche Schwierigkeiten gab es?
- Wie ist es Ihnen gelungen, die Tagesthemen über die Besinnungszeit hinaus in den Alltag hineinzunehmen?,
- Wie ist es Ihnen gelungen, Ihren Alltag (das, was Sie tun, was sich ereignet) als Übung zu nehmen?

Zur Reihenfolge der Begleittreffen

Da dieses Übungsbuch von verschiedenen Gruppen und Einzelnen mit unterschiedlichen Ausgangspunkten verwendet werden kann, wird hier auf ein paar praktische Verwendungsmöglichkeiten des Modells der Begleittreffen hingewiesen.

- *Am Anfang* der Exerzitien sollte immer *das erste Begleittreffen* S. 47-54 die Übung der darauf folgenden Woche einleiten. Wenn die Exerzitien *im Advent* anfangen, gilt der ganze Text in der vorliegenden Form. Wenn der Anfang *in der Fastenzeit* stattfindet, dann soll man die Einstimmung auf die 1. Exerzitienwoche in der Fastenzeit, S. 75f., in dieses Begleittreffen einbauen.
- *Das zweite Begleittreffen zu Advent und Weihnachten* kann als *Erfahrungsaustausch nachher* dienen, wenn die Exerzitien im Advent anfangen, oder als *Einleitung* der Exerzitien im Advent, wenn die Exerzitien in der Fastenzeit angefangen haben. Dann sollte die Einstimmung auf die Adventübung, S. 53f., hier eingebaut werden.
- Die *Begleittreffen zu Exerzitien in der Fastenzeit, Passionszeit und an Ostern* stehen an der Stelle, wo sie auch durchgeführt werden sollten.
- *Das Begleittreffen zum Abschluss*, S. 149-151 soll immer am Ende nach der letzten Exerzitienwoche als eine Art Bilanz durchgeführt werden.
- Die Modelle der Begleittreffen eignen sich nach geringfügigen Änderungen für Gruppentreffen im Lauf des Jahres, vgl. dazu auch die Handreichung, S. 189-196.
- Die individuellen Benutzer können die am Rand markierten Teile der Begleittreffen dieses Buches überspringen und nur die Übungen der Wochentage praktizieren.

Leitfaden für die Benutzung des Buches
Suchhilfe für verschiedene Formen und Zeiten der Exerzitien im Alltag

Benutzer	Beginn Advent	Beginn Fastenzeit	Beginn Karwoche	Im Lauf des Jahres
Alle Benutzer	Einleitung S. 27-45			Handreichung, S. 153ff.
	Bildmeditationen S. 56/57, 64/65, 80/81, 98/99, 104/105, 112/113, 128/129, 144/145, 160/161, 184/185, 210/211			
Gruppe mit Begleitung Vorlagen für Begleiter	Begleittreffen S. 47-54	Begleittreffen S. 47-54 mit der Einstimmung auf die Fastenzeit S. 75f.	Begleittreffen S. 47-54 mit der Einstimmung auf die Karwoche S. 132-134	Zur Gestaltung der Begleittreffen S.190-196
Übungsvorlagen	S. 55-70	S. 77-130	S. 135-148	S. 157ff.
Gruppen ohne Begleitung Vorlagen zur Gestaltung	Zur Gestaltung der Begleittreffen s. S. 47-54	Zur Gestaltung der Begleittreffen s. S. 47-54 und 75f.	Zur Gestaltung der Begleittreffen s. S. 47-54 Einstimmung auf die Karwoche S. 132-134	Zur Gestaltung der Begleittreffen s. S. 190-196
Übungsvorlagen	S. 55-70	S. 77-130	S. 135-148	s. S. 157ff.
Einzelbenutzer einführende Informationen	Begleittreffen als Informationsmaterial zum Lesen s. S. 47-54	Begleittreffen als Informationsmaterial zum Lesen s. S. 47-54	Begleittreffen als Informationsmaterial zum Lesen s. S. 47-54	Über die individuelle Gestaltung der Exerzitien s. S. 155ff.
Übungsvorlagen	s. S. 55-70	s. S. 77-130	s. S. 135-148	s. S. 157ff.

Halten Sie Ihren „Exerzitienplan" in ein paar kurzen Notizen fest.

Begleittreffen zum Anfang der Exerzitien im Alltag

1.
Begrüßung

2.
Beten oder Singen

Zum Beispiel: »Wo zwei oder drei in meinem Namen versammelt sind ...«

3.
Vorstellen der Teilnehmer

Es ist nur dann sinnvoll, wenn die Gruppengröße dies zulässt.

4.
Einführung: Was sind Exerzitien im Alltag?

An dieser Stelle sollen die Gruppenteilnehmerinnen und -teilnehmer in Anliegen und Verlauf der Exerzitien im Alltag eingeführt werden.

Den Jünglingen, die zum ersten Mal zu ihm kamen, pflegte Rabbi Bunam die Geschichte von Rabbi Eisik, Sohn Rabbi Jekels in Krakau, zu erzählen. Dem war nach Jahren schwerer Not, die sein Gottvertrauen nicht erschüttert hatten, im Traum befohlen worden, in der Stadt Prag an der Brücke, die zum Königsschloss führt, nach einem Schatz zu suchen. Als der Traum zum dritten Mal wiederkehrte, machte sich Rabbi Eisik auf und wanderte nach Prag. Aber an der Brücke standen Tag und Nacht Wachtposten, und er getraute sich nicht zu graben. Doch kam er an jedem Morgen zur Brücke und umkreiste sie bis zum Abend. Endlich fragte ihn der Hauptmann der Wache, auf sein Treiben aufmerksam geworden, freundlich, ob er hier etwas suche oder auf jemand warte. Rabbi Eisik erzählte, welcher Traum ihn aus fernem Land hergeführt habe. Der Hauptmann lachte: »Und da bist du armer Kerl mit deinen zerfetzten Sohlen einem Traum zu Gefallen hergepilgert!

Begleittreffen zum Anfang der Exerzitien im Alltag

Ja, wer den Träumen traut! Da hätte ich mich ja auch auf die Beine machen müssen, als es mir einmal im Traum befahl, nach Krakau zu wandern und in der Stube eines Juden, Eisik, Sohn Jekels sollte er heißen, unterm Ofen nach einem Schatz zu graben. Eisik, Sohn Jekels! Ich kann's mir vorstellen, wie ich drüben, wo die eine Hälfte der Juden Eisik und die andre Jekel heißt, alle Häuser aufreiße!« Und er lachte wieder. Rabbi Eisik verneigte sich, wanderte heim, grub den Schatz aus und baute das Bethaus, das Reb Eisik Reb Jekels Schul heißt.
»Merke dir diese Geschichte«, pflegte Rabbi Bunam hinzuzufügen, »und nimm auf, was sie dir sagt: dass es etwas gibt, was du nirgends in der Welt, auch nicht beim Zaddik finden kannst, und dass es doch einen Ort gibt, wo du es finden kannst.«
Geschichte »Der Schatz«, in: Die Erzählungen der Chassidim, hrsg. von Martin Buber, Manesse Verlag, Zürich 1949, S. 740.

Was sind Exerzitien im Alltag?

Im Sinn der vorgenannten Geschichte sind Exerzitien ein Übungsweg dafür, den Schatz unseres Lebens zu finden und mit ihm Leben zu gestalten. Die Exerzitien im Alltag haben ihren Vorläufer in den so genannten »leichten und offenen Exerzitien« des Ignatius. Es ist eine Form, die Ignatius z.B. während seines Studiums in Alkala de Henares gegeben hat. Er hat dazu Menschen, die nur an ihrem Wohnort Exerzitien machen konnten, dort für das tägliche Gespräch aufgesucht.
Wichtig ist, dass sich das Verständnis der ignatianischen Exerzitien in den letzten Jahrzehnten gewandelt hat. »In der Auseinandersetzung mit ihren Ursprüngen rückte man von den ›gepredigten Exerzitien‹, den Vortragsexerzitien ab und begann die begleiteten Exerzitien zu entdecken.« (A. Falkner SJ)

Exerzitien im Alltag sind Übungen zur Vertiefung des Glaubens mitten im täglichen Leben. Sie sind gleichzeitig ein Prozess, der uns in das hineinwachsen lässt, was wir *erfülltes und gelungenes Leben* nennen.

Begleittreffen zum Anfang der Exerzitien im Alltag

Pater Teilhard de Chardin schreibt Reflexionen über die Exerzitien: »Man müsste Exerzitien entwerfen, die sich im gewöhnlichen Raum des Lebens abspielen: ein während dieser Zeit vollkommen gelebtes Leben.«

Warum Exerzitien im Alltag?

»Um die Gnade Gottes in sich einströmen zu lassen«, sagte Ignatius. Das bedeutet: Um sich für Gott zu öffnen und das eigene Leben durch ihn verwandeln zu lassen. Darauf zielen alle Übungen der Exerzitien ab, die davon ausgehen, dass wir noch nicht »fertig« sind, sondern dass wir uns durch den Geist Gottes noch weiterentwickeln können. Von diesem Geist heißt es, dass uns durch ihn Kraft und Freiheit zum Leben gegeben wird.

Was üben?

Exerzieren heißt üben, also üben im Alltag.
Dafür nehmen Sie sich jeden Tag eine halbe Stunde für Meditationsimpulse und für den Tagesrückblick eine viertel Stunde Zeit.
Diese Zeit ist eine Zeit für Sie selbst, in der Sie zur Ruhe kommen, sich aus dem Getriebe des Alltags herausnehmen, neue Kraft schöpfen und das eigene Leben mit seinen Anforderungen, Begegnungen, Sorgen ... in die Beziehung zu Gott bringen.

Manchmal wird es Ihnen leichter fallen, sich Zeit zu nehmen, manchmal schwerer. Es geht nicht darum, alles möglichst vollständig abzuleisten, sondern sich nicht entmutigen zu lassen durch Zeitnot, Zerstreutheit o.ä., und auf dem Weg zu bleiben, der mehr Hoffnung, Beziehungsfähigkeit und Leben in Fülle verheißt.

Zu Beginn der Exerzitien ist es gut, die eigenen Erwartungen anzuschauen und sich zu fragen, ob sie realistisch sind. Anderseits: Wenn ich in mir das Verlangen

Begleittreffen zum Anfang der Exerzitien im Alltag

nach einer tieferen Gottesbeziehung, nach mehr Glauben, nach erfüllterem Leben spüre, darf ich vertrauen, dass Gott mich dorthin begleiten will und wird, und ich kann immer wieder um seine Hilfe und Nähe bitten.

Ignatius sagt: »*Nicht das Vielwissen sättigt und befriedigt die Seele, sondern das Verspüren und Verkosten der Dinge von innen her.*« (Geistliche Übungen, Nr. 2)
So sind Exerzitien einerseits etwas Einfaches: Ich kann loslassen, stillwerden, muss nichts leisten, muss weder ein besserer noch ein frömmerer Mensch werden, sondern ich darf mich beschenken lassen, darf die Tür auftun, damit Gott eintreten kann.
Andererseits kann dies auch schwer sein: Oft fällt es uns leichter zu schenken, als Geschenke anzunehmen; zu handeln, als zu warten; zu reden, als still zu sein.

5. Übung zum Stillwerden und Rückblick auf den Tag

Ich nehme wahr, wie ich jetzt da bin. – Meine Gedanken – meine Gefühle –
Ich spüre mich auf dem Stuhl, auf dem ich sitze.
Ich spüre meine Füße auf dem Boden.
Ich spüre zu meiner Sitzfläche hin, richte mich vom Becken her auf.
Meine Wirbelsäule ist gerade.
Meine Hände liegen auf den Oberschenkeln oder ruhen im Schoß.
Mein Scheitelpunkt zeigt nach oben.
Ich fühle mich getragen vom Stuhl und vom Boden.
Ich spüre meinen Atem, wie er kommt und geht und lasse mit jedem Ausatmen mehr los.
Ich bleibe ganz aufmerksam in meiner Atembewegung.

Einige Zeit so verweilen, dann:
Ich schaue zurück auf den heutigen Tag.

Begleittreffen zum Anfang der Exerzitien im Alltag

Kann ich mich erinnern, wie ich aufgewacht, aufgestanden bin? Womit habe ich meinen Tag begonnen?

Ich gehe in meinem eigenen Tempo durch den heutigen Tag: Woran erinnere ich mich? An welche Erlebnisse, Begegnungen ... ? Worüber freue ich mich? Wofür bin ich dankbar? Geht mir noch etwas nach?

Ich bringe Bitte, Dank, Klage, Lob ... vor Ihn, wie im Gespräch mit einem guten Freund, einer guten Freundin.

Nach einer angemessenen Zeit der Stille:
Ich schaue, wie es mir jetzt in dieser Meditationszeit gegangen ist.

6.
Austausch

In der ganzen Gruppe oder in Dreiergruppen, je nach Möglichkeit.

Themen:
- Wie ist es mir ergangen in der Meditationszeit?
- Was bewegt mich im Blick auf die Exerzitien im Alltag?

7.
Überblick über den äußeren Ablauf der Exerzitien

Siehe Schritte für jeden Tag, Hinweise zur Vorplanung, S. 30

8.
Die Bedeutung der Begleittreffen

Der Austausch in Kleingruppen

Die Begleittreffen wollen Stationen sein, wo ich aus meinem Einzelweg einmünde in den gemeinsamen Weg aller Teilnehmer der Exerzitien. In den Gesprächen

Begleittreffen zum Anfang der Exerzitien im Alltag

geht es nicht um eine theologische Diskussion, nicht um angelesenes Wissen, sondern um Glaubenserfahrung, einander vom persönlichen Glaubensweg zu erzählen.

Ich kann in diesen Gesprächen Ermutigung und Klärung finden, andere bestärken, sagen, was mir gut getan und wo ich Schwierigkeiten hatte. Diese Gespräche sind sehr persönlich, deshalb sollen die Gruppen klein sein. An diesen Abenden erfahren wir *Gemeinde*: Eine Gemeinschaft, in der wir miteinander auf dem Weg sind.

Die Gebetsgemeinschaft

Zum Wesen von Gemeinde gehört auch, dass wir das persönliche Gebet durch das gemeinsame Beten ergänzen.

Informationen und Hilfen

An den Begleittreffen wird der rote Faden einer Woche aufgezeigt und konkrete Hilfe (z.B. bezüglich einzelner Gebetsübungen oder in Bezug auf Fragen, Probleme, Schwierigkeiten) gegeben.

Die Grundelemente eines Begleittreffens werden immer sein:

- gemeinsames Beten,
- Rückblick,
- Kleingruppengespräch,
- Plenumsgespräch,
- singen,
- Einführung in die kommende Woche,
- gemeinsames Üben.

> Begleittreffen zum Anfang der Exerzitien im Alltag

9.
Ausblick auf die Themen der Advents- und Weihnachtszeit

Bemerkung: Sollten die Exerzitien im Alltag in der Fastenzeit anfangen, dann gehört hierher die Einstimmung auf die Themen der 1. Woche in der Fastenzeit, s. S. 75f.

1. Tag: Verkündigung

>Ich kann – wie Maria – dem Heil der Welt Raum geben.
>
>*Alternative:* Gott ist mit uns: diese Betrachtung ist Zuspruch und Verheißung aus dem Alten Testament.

2. Tag: Glaubenszeichen

>Maria und Elisabeth: Die Begegnung der beiden Frauen zeigt uns, dass auch wir einander brauchen, um unseren Glauben zu stärken und zu bekräftigen.
>
>*Alternative:* Bildmeditation: Maria und Elisabeth
>– Hannas Gebet: Wie Hanna: beten, bitten, klagen, danken, alles vor Gott bringen, wird unser Leben wenden.

3. Tag: Josefs Traum

>Dieser Text kann Mut machen, die eigenen Träume ernst zu nehmen.

4. Tag: Herbergssuche

>Gott kam in die Welt, aber die Seinen nahmen ihn nicht auf. Meine eigene Suche nach »Herberge« anschauen.
>
>*Alternative:* Abrahams Berufung und Wanderung: Ich beziehe die Verheißung Gottes an Abraham auf mein Leben.

> Begleittreffen zum Anfang der Exerzitien im Alltag

5. Tag: Geburt Jesu

Gott wird Kind: Angelus Silesius sagt uns: »Und wäre Christus tausendmal in Bethlehem geboren und nicht in dir, du wärest ewiglich verloren:« Gott möchte in jedem von uns geboren werden.

Alternative: Bildmeditation: Geburt Jesu
– Das Licht kam in die Welt: Gegenstand der Betrachtung ist der Prolog des Johannes-Evangeliums.

6. Tag: Hirten

Wir schauen auf die Hirten, die aufbrechen, eilen, staunen und in dem Kind Gott erkennen.

Alternative: Freudenboten: Die eigenen Erfahrungen mit Freudenbotschaften gegenwärtig werden lassen.

7. Tag: Dem Stern folgen

Meiner Hoffnung, dem Licht in meinem Leben nachgehen.

8. Tag: Die Taufe Jesu

Mich zu meiner eigenen Taufe hinwenden und mir der Gotteskindschaft dabei bewusst werden.

10. Gespräch im Plenum

Klären von evtl. Fragen, Anliegen, Bedenken ...

11. Abschluss

Lied oder Gebet

Halten Sie Ihre Erfahrung einmal in ein paar kurzen Notizen fest.

Advent/Weihnachten

Bemerkung: Wegen des Charakters einer grundsätzlichen Einführung könnte die 1. Woche der Fastenzeit »Still werden«, S. 77-86 den Übungen für Advent/Weihnachten vorgeschaltet werden, wenn die Exerzitien im Advent anfangen.

Jedes Jahr feiern wir Weihnachten. Wir freuen uns darauf und sind sehr beschäftigt mit den Vorbereitungen. Immer wieder spüren wir aber auch, dass Weihnachten mehr ist als Geschenke, Plätzchen, Festmenü …
Die Betrachtungen im Advent wollen dazu anregen, sich für das Geheimnis zu öffnen, das Herz zu bereiten für das Wunder, die Freude an Begegnungen, die eigenen Träume wahrzunehmen, der Sehnsucht und Hoffnung nachzuspüren. Gott kommt in die Welt. Er ist schon da, und wir können uns dafür öffnen.

1. Tag: Verkündigung – geschehen lassen

Ich setze einen bewussten Anfang

Anfangsgebet

Wahrnehmungsübung zum Stillwerden

Meditationsimpuls

Im sechsten Monat wurde der Engel Gabriel von Gott in eine Stadt in Galiläa namens Nazaret zu einer Jungfrau gesandt. Sie war mit einem Mann namens Josef verlobt, der aus dem Haus David stammte. Der Name der Jungfrau war

Maria. Der Engel trat bei ihr ein und sagte: Sei gegrüßt, du Begnadete, der Herr ist mit dir. Sie erschrak über die Anrede und überlegte, was dieser Gruß zu bedeuten habe. Da sagte der Engel zu ihr: Fürchte dich nicht, Maria; denn du hast bei Gott Gnade gefunden. Du wirst ein Kind empfangen, einen Sohn wirst du gebären: dem sollst du den Namen Jesus geben. Er wird groß sein und Sohn des Höchsten genannt werden. Gott, der Herr, wird ihm den Thron seines Vaters David geben. Er wird über das Haus Jakob in Ewigkeit herrschen, und seine Herrschaft wird kein Ende haben. Maria sagte zu dem Engel: Wie soll das geschehen, da ich keinen Mann erkenne? Der Engel antwortete ihr: Der Heilige Geist wird über dich kommen, und die Kraft des Höchsten wird dich überschatten. Deshalb wird auch das Kind heilig und Sohn Gottes genannt werden. Auch Elisabeth, deine Verwandte, hat noch in ihrem Alter einen Sohn empfangen; obwohl sie als unfruchtbar galt, ist sie jetzt schon im sechsten Monat. Denn für Gott ist nichts unmöglich. Da sagte Maria: Ich bin die Magd des Herrn; mir geschehe, wie du es gesagt hast. Danach verließ sie der Engel.

Lk 1,26-38

Ich schaue auf die Offenheit Marias für die Begegnung. Obwohl sie erschrickt, bleibt sie, vertraut auf den Zuspruch, hört zu und fragt, wo sie nicht versteht. Und sie lässt zu, was mit ihr geschehen soll.

In meine Offenheit,
in mein Hören
in mein Fragen
in mein Zulassen
in meine Stille nehme ich das Wort: »... denn du hast bei Gott Gnade gefunden.«

➤ **Alternative:**

Gott ist mit uns

Darum wird euch der Herr von sich aus ein Zeichen geben: Seht, die Jungfrau wird ein Kind empfangen, sie wird einen Sohn gebären, und sie wird ihm den Namen Immanuel (Gott mit uns) geben.

Jes 7,14

Bildmeditation zu Lk 1,39-47

Tief empfundene Freude kann sich im Miteinander und Zueinander zweier
Menschen auch körperlich ausdrücken. Die beiden Frauen umarmen sich.
Ihre gemeinsame Freude möchte sich verschenken, strahlt aus wie das Licht,
das nicht im Verborgenen bleiben darf.
Daher öffnen die beiden Frauengestalten rechts und links den Vorhang,
der das im Herzen aufbrechende Geheimnis der Freude bislang verborgen hielt.
Hier ist Unbeschreibbares nur zu ahnen – ohne jedes Wort. Aus dem Sehnen,
der Ferne, ist Nähe geworden, spürbar im Einssein der Freude.
Ist dieses Bild nicht von einer so zarten Intimität von einer so reinen Zärtlichkeit,
dass es vielleicht doch wieder von dem Vorhang verdeckt werden sollte?
Der Blick der beiden Frauen kommt aus der Ruhe des Gehaltenseins;
ihre Arme zeigen die Gebärde des Bergens. Eine unendliche Freude strömt von
ihnen aus – eine Freude, die man nur mit den Herzen »begreifen« kann.
Drückt nicht das, was hier geschieht, die Sehnsucht eines jeden Menschen aus?
Der Urgrund der Schöpfung, das geheimnisvolle Kraftfeld wird lebendig.
Die göttliche Liebe und die menschlich-freundschaftliche Liebe –
beide gehören zusammen, beide möchten sich verschenken
und überströmen in unendlicher Freude.

Miniatur aus dem Albani-Psalter, zw. 1123-1135
Dombibliothek Hildesheim
Eigentum der Pfarrgemeinde St. Godehard
(nach: P. Dyckhoff, Himmlische Gedanken, München 1996, S.118f.)

In der Zeit des Advents warten wir auf den, der da ist, der aber immer wieder in uns geboren werden will. Gott ist mit uns – ich verweile bei diesem Zuspruch.

Abschluss

Zurückschauen

2. Tag: Glaubenszeichen
Maria und Elisabeth

Ich setze einen bewussten Anfang

Anfangsgebet

Wahrnehmungsübung zum Stillwerden

Meditationsimpuls

Nach einigen Tagen machte sich Maria auf den Weg und eilte in eine Stadt im Bergland von Judäa. Sie ging in das Haus des Zacharia und begrüßte Elisabeth. Als Elisabeth den Gruß Marias hörte, hüpfte das Kind in ihrem Leib. Da wurde Elisabeth vom Heiligen Geist erfüllt und rief mit lauter Stimme: Gesegnet bist du mehr als alle anderen Frauen, und gesegnet ist die Frucht deines Leibes. Wer bin ich, dass die Mutter meines Herrn zu mir kommt? In dem Augenblick, als ich deinen Gruß hörte, hüpfte das Kind vor Freude in meinem Leib. Selig ist die, die geglaubt hat, dass sich erfüllt, was der Herr ihr sagen ließ. Da sagte Maria: Meine Seele preist die Größe des Herrn, und mein Geist jubelt über Gott, meinen Retter.

Lk 1,39-47

Als Bekräftigung seiner Botschaft hatte der Engel zu Maria gesagt: »Auch Elisabeth, deine Verwandte, hat noch in ihrem Alter einen Sohn empfangen, obwohl sie als unfruchtbar galt.« Die Schwangerschaft Elisabeths ist für Maria das

Zeichen, dass die Botschaft des Engels wahr ist. Als die Frauen sich begegnen und begrüßen, spürt jede, welches Wunder an ihr geschehen ist. Sie sind füreinander ein Zeichen. Sie bestärken sich gegenseitig in ihrem Glauben an Gott. Für jeden gab und gibt es Zeichen und Begegnungen auf dem Weg, die den Glauben bestärkt und gekräftigt haben. Sie sind jetzt eingeladen, sich daran zu erinnern.

Was hat Sie bestärkt, weiterzusuchen und auf dem Weg zu bleiben?
Menschen,
Menschen, die bewusst einen Glaubensweg suchen,
Begegnungen,
Ereignisse,
ein Wort der Bekräftigung,
ein Ort der Stille.
Vergegenwärtigen Sie sich eine dieser Erfahrungen, lassen Sie sie wieder ganz lebendig werden und verweilen Sie bei ihr.

➤ **Alternative:**

Bildmeditation zu Lk 1,39-47, S. Text auf der Rückseite, zw. S. 56/57

Oder: Hannas Gebet

Hanna betete. Sie sagte: Mein Herz ist voll Freude über den Herrn, große Kraft gibt mir der Herr. Weit öffnet sich mein Mund gegen meine Feinde; denn ich freue mich über deine Hilfe. Niemand ist heilig, nur der Herr; denn außer dir gibt es keinen (Gott); keiner ist ein Fels wie unser Gott. Redet nicht immer so vermessen, kein freches Wort komme aus eurem Mund: denn der Herr ist ein wissender Gott, und bei ihm werden die Taten geprüft. Der Bogen der Helden wird zerbrochen, die Wankenden aber gürten sich mit Kraft. Die Satten verdingen sich um Brot, doch die Hungrigen können feiern für immer. Die Unfruchtbare bekommt sieben Kinder, doch die Kinderreiche welkt dahin. Der Herr macht tot und lebendig, er führt zum Totenreich hinab und führt auch herauf. Der Herr macht arm und macht reich, er erniedrigt und er erhöht. Den Schwachen hebt er empor aus dem Staub und erhöht den Armen, der im Schmutz liegt: er gibt ihm einen Sitz bei den Edlen, einen Ehrenplatz weist er ihm zu. Ja, dem Herrn gehören die Pfeiler der Erde; auf sie hat er den Erdkreis gegründet. Er behütet die Schritte seiner Frommen, doch die Frevler verstummen in der Finsternis; denn der Mensch ist nicht stark aus eigener Kraft. Wer gegen den Herrn streitet, wird zerbrechen, der Höchste lässt es donnern am Himmel. Der Herr hält Gericht bis an die Grenzen der Erde. Seinem König gebe er Kraft und erhöhe die Macht seines Gesalbten.

1 Sam 2,1-11

Das ist das Gebet einer Frau, die ihren Lebenssinn erfüllt weiß. Nach Jahren des immer verzweifelteren Wartens wurde Hanna ein Sohn, Samuel, geschenkt. All die erlittene Demütigung, Armut, Resignation, Verurteilung ... fließt ein in dieses Gebet, ebenso wie das Zeugnis ihres Glaubens.
Kenne ich die Erfahrung, dass Gott mich »emporgehoben« hat, mir Ansehen gegeben hat, mein Leben gewendet hat?
Oder möchte ich vor Gott meinen Kummer und meine Sehnsucht ausschütten? Sie können dies in ein Gebet bringen, oder durch ein Bild ausdrücken, oder sich vorstellen, Sie erzählten es einer vertrauten Person, einem Priester.

Abschluss

Zurückschauen

3. Tag: Josefs Traum

Ich setze einen bewussten Anfang

Anfangsgebet

Wahrnehmungsübung zum Stillwerden

Meditationsimpuls

Josef, ihr Mann, der gerecht war und sie nicht bloßstellen wollte, beschloss, sich in aller Stille von ihr zu trennen. Während er noch darüber nachdachte, erschien ihm ein Engel des Herrn im Traum und sagte: Josef, Sohn Davids, fürchte dich nicht, Maria als deine Frau zu dir zu nehmen; denn das Kind, das sie erwartet, ist vom Heiligen Geist. Sie wird einen Sohn gebären; ihm sollst du den Namen Jesus geben; denn er wird sein Volk von seinen Sünden erlösen. Dies alles ist geschehen, damit sich erfüllt, was der Herr durch den Propheten gesagt hat: Seht die Jungfrau wird ein Kind empfangen, einen Sohn wird sie gebären, und man wird ihm den Namen Immanuel geben, das heißt übersetzt: Gott ist mit uns. Als Josef erwachte, tat er, was der Engel des Herrn befohlen hatte, und nahm seine Frau zu sich.

Mt 1,19-24

Nachdenken und träumen – Josef bekommt Antwort auf sein Nachdenken im Traum und er akzeptiert einen Traum als Antwort auf sein Nachdenken.
Dieser Text kann Mut machen, die eigenen Träume ernst zu nehmen. Vielleicht stimmen Sie sich in dieser Adventszeit darauf ein, auf ihre Träume zu achten. Das bedeutet konkret, dass Sie sich vornehmen, ihre Träume am Morgen noch zu wissen. Wenn Sie sich dann nach einigen Tagen tatsächlich an das Geträumte erinnern können, machen Sie sich vielleicht eine kleine Notiz vor dem Aufstehen. Dann können Sie den Traum beim abendlichen Tagesrückblick ins Bewusstsein holen, anschauen, vor Gott bringen und Antwort erspüren.
Wenn Sie sich an einen Traum aus der letzten Nacht, oder an einen immer wiederkehrenden Traum erinnern, können Sie ihn in die Mitte der heutigen Gebetszeit stellen.
Ich vergegenwärtige mir den Traum.
Ich spüre, welche Gefühle mich dabei bewegen.
Ich bringe die Wirklichkeit, die mir der Traum zeigt, vor Gott.

Abschluss

Zurückschauen

4. Tag: Herbergssuche

Ich setze einen bewussten Anfang

Anfangsgebet

Wahrnehmungsübung zum Stillwerden

Meditationsimpuls

In der Herberge war kein Platz für sie.

Lk 2, 7c

Ich lasse diesen kurzen Text auf mich wirken.
Ich stelle mir vor, wie Maria sich fühlt, die kurz vor der Geburt ihres ersten Kindes steht:
Maria, die Gott in sich hat wachsen lassen, die Gott in sich Raum gibt.
Wie fühlt sich Josef, der Maria beisteht und sich mit Maria auf den Weg macht?
Ihre Enttäuschung bei den Menschen nicht aufgenommen zu werden – keinen Platz zu finden – ausgeschlossen zu sein. –

Wo hindern mich meine »Tagesgeschäfte«, Gott in meinem Leben Raum zu geben?
Wenn ich loslasse, mich anvertraue, gewinne ich Raum.
Ich schaue auf meine Sehnsucht nach Heimat, Geborgenheit, Annahme.
Ich wende mich mit meiner Sorge zu Gott hin und überlasse sie ihm, so wie mir das jetzt möglich ist.

▶ **Alternative:**

Abrahams Berufung und Wanderung

Der Herr sprach zu Abram: Zieh weg aus deinem Land, von deiner Verwandtschaft und aus deinem Vaterhaus in das Land, das ich dir zeigen werde.

Gen 12,1

Abraham ist in die Fremde gezogen, in die Ungewissheit. Gottes Verheißung begleitet ihn.

Was könnte diese Verheißung Gottes für mich – für mein Leben bedeuten? Herausgerufen zu werden aus meinem alltäglichen Leben, dem Alltagstrott, Vertrautes und Bekanntes zu verlassen, meinem Leben eine andere, neue Richtung zu geben.

Was eröffnet sich für mich, wenn ich auf Gott vertrauend auf mein Leben schaue?

Abschluss

Zurückschauen

5. Tag: Geburt Jesu

Ich setze einen bewussten Anfang

Anfangsgebet

Wahrnehmungsübung zum Stillwerden

Meditationsimpuls

In jenen Tagen erließ Kaiser Augustus den Befehl, alle Bewohner des Reiches in Steuerlisten einzutragen. Dies geschah zum ersten Mal; damals war Quirinius Statthalter von Syrien. Da ging jeder in seine Stadt, um sich eintragen zu lassen. So zog auch Josef von der Stadt Nazaret in Galiläa hinauf nach Judäa in die Stadt Davids, die Bethlehem heißt; denn er war aus dem Haus und Geschlecht Davids. Er wollte sich eintragen lassen mit Maria, seiner Verlobten, die ein Kind erwartete. Als sie dort waren, kam für Maria die Zeit ihrer Niederkunft, und sie gebar ihren Sohn, den Erstgeborenen. Sie wickelte ihn in Windeln und legte ihn in eine Krippe, weil in der Herberge kein Platz für sie war. In jener Gegend lagerten Hirten auf freiem Feld und hielten Nachtwache bei ihrer Herde. Da trat der Engel des Herrn zu ihnen, und der Glanz des Herrn umstrahlte sie. Sie fürchteten sich sehr, der Engel aber sagte zu ihnen: Fürchtet euch nicht, denn ich verkünde euch eine große Freude, die dem ganzen Volk zuteil werden soll: Heute ist euch in der Stadt Davids der Retter geboren; er ist der Messias, der

In einem Futtertrog für die Tiere liegt das Kind Jesus, in Windeln gewickelt, den Kopf ein wenig erhoben und durch einen Heiligenschein mit Kreuz als Christuskind gekennzeichnet. Ochs und Esel schauen durchs Fenster auf den Neugeborenen. Die Tiere kennen ihren Besitzer, doch die Menschen wissen nicht, wer unter ihnen weilt, und wem sie gehören. Ochs und Esel an der Krippe sind als Aufruf zu verstehen, sich von den Tieren nicht beschämen zu lassen und das Kind in der Krippe als den Herrn anzuerkennen.
Die Mutter Maria als Wöchnerin ist die beherrschende Gestalt auf diesem Schnitzbild. Aber mit ihrer Rechten lenkt sie den Blick von sich weg auf das unscheinbare Kind. Josef bildet das Gegengewicht zu den beiden liegenden Figuren. In einer Gebärde der Nachdenklichkeit stützt er seinen Kopf mit der rechten Hand. So wird sein Grübeln über die Schwangerschaft Marias angedeutet. (Mt 1,18-25).

Unten kündet ein Engel den Hirten mit ihrer Herde die Frohbotschaft. Zwei weitere Engel über der Mauer verkünden den Glaubenskern des Weihnachtsevangeliums: »Auf Erden ist Friede bei den Menschen seiner Gnade«.

Elfenbein-Relief. Um 1140
Köln, Schnütgen-Museum
(nach: Schulbibel. Hrsg. von der Deutschen Bischofskonferenz.
München u.a. 1979, S. 209)

Herr. Und das soll euch als Zeichen dienen: Ihr werdet ein Kind finden, das, in Windeln gewickelt, in einer Krippe liegt. Und plötzlich war bei dem Engel ein großes himmlisches Heer, das Gott lobte und sprach: Verherrlicht ist Gott in der Höhe, und auf Erden ist Friede bei den Menschen seiner Gnade.

Lk 2,1-14

Die Verheißung ist eingetreten. Gott ist Kind geworden, geboren in einem Stall. Keine Idylle, sondern ein Skandal: Gott macht sich klein, er wird ein Kind.
Jedes neugeborene Kind ist eine neue Hoffnung für die Welt. Die Welt kann weitergehen. Die Freude ist groß bei den Engeln Gottes.
Ich stelle mir vor, wie ein kleines Kind mich anschaut, offen und vertrauend. So schaut Gott mich an.
Ich verweile in diesem Blick.

▶ **Alternative:**

Bildmeditation zu Lk 2,1-14, S. 64f.
Oder: Das Licht kam in die Welt

Im Anfang war das Wort, und das Wort war bei Gott, und das Wort war Gott. Im Anfang war es bei Gott. Alles ist durch das Wort geworden, und ohne das Wort wurde nichts, was geworden ist. In ihm war das Leben, und das Leben war das Licht der Menschen. Und das Licht leuchtet in der Finsternis, und die Finsternis hat es nicht erfasst. Es trat ein Mensch auf, der von Gott gesandt war; sein Name war Johannes. Er kam als Zeuge, um Zeugnis abzulegen für das Licht, damit alle durch ihn zum Glauben kommen. Er war nicht selbst das Licht, er sollte nur Zeugnis ablegen für das Licht. Das wahre Licht, das jeden Menschen erleuchtet, kam in die Welt.

Joh 1,1-9

Ich lese den Text mehrmals langsam und laut.
Ich verweile bei dem Satz, der mich am meisten anspricht.
Ich lasse »das wahre Licht, das jeden Menschen erleuchtet« in mir wirken.

Abschluss
Zurückschauen

6. Tag: Hirten

Ich setze einen bewussten Anfang

Anfangsgebet

Wahrnehmungsübung zum Stillwerden

Meditationsimpuls

Als die Engel sie verlassen hatten und in den Himmel zurückgekehrt waren, sagten die Hirten zu einander: Kommt, wir gehen nach Bethlehem, um das Ereignis zu sehen, das uns der Herr verkünden ließ. So eilten sie hin und fanden Maria und Josef und das Kind, das in der Krippe lag. Als sie es sahen, erzählten sie, was ihnen über dieses Kind gesagt worden war. Und alle, die es hörten, staunten über die Worte der Hirten.

Lk 2,15-18

Einfache Leute, weder reich noch gebildet, sog. »Randexistenzen«, die draußen im Freien leben, spüren das Geheimnisvolle dieser Nacht und den Frieden.
Sie brechen auf und eilen, um das Wunder zu schauen, das geschehen war.
»Kommt, wir gehen nach Bethlehem!« Dieser Aufruf der Hirten gilt auch für uns heute, um das »zu sehen, was uns der Herr verkünden ließ«.
»Komm, geh nach Bethlehem!« Mit diesem Anruf kann ich mich jetzt in die Stille einlassen. Ich wende mich nach innen, wo ich die Spur Gottes in mir finden kann. Die sog. Randexistenzen in mir sind die leisen, kleinen Anrufungen, die Gefühle wie Trauer, Schmerz, Unstimmigkeit, Freude, Dankbarkeit, Sehnsüchte, das Bedürfnis nach Stille. Sie wollen mir den Weg nach innen, zu Gott hinweisen. Ist mir einer dieser »Hirten« heute begegnet?

▶ Alternative:

Freudenboten

Wie willkommen sind auf den Bergen die Schritte des Freudenboten, der Frieden ankündigt, der eine frohe Botschaft bringt und Rettung verheißt, der zu Zion sagt: Dein Gott ist König.

Jes. 52,7

Ich lasse mich ansprechen von diesem Text:
Wie willkommen sind für mich Augenblicke und Stunden des inneren Friedens und der Freude, wo ich mit mir selbst und mit meiner Umgebung in Einklang bin, wo ich in Beziehung zu Gott bin, wo ich spüre, wie sich eine frohe Botschaft in mir ausbreitet.
Ich kann mich erinnern an solche Erfahrungen, sie wieder gegenwärtig werden lassen.
Im Vertrauen darauf, dass mein Gott mir in Liebe zugewandt ist, kann ich jetzt darum bitten, dass Er mir immer wieder solche Erfahrungen schenkt.

Abschluss

Zurückschauen

7. Tag: Die Huldigung der Sterndeuter

Ich setze einen bewussten Anfang

Anfangsgebet

Wahrnehmungsübung zum Stillwerden

Meditationsimpuls

Als Jesus zur Zeit des Königs Herodes in Bethlehem in Judäa geboren worden war, kamen Sterndeuter aus dem Osten nach Jerusalem und fragten: Wo ist der neugeborene König der Juden? Wir haben seinen Stern aufgehen sehen und sind gekommen, um ihm zu huldigen. Als König Herodes das hörte, erschrak er und mit ihm ganz Jerusalem. Er ließ alle Hohenpriester und Schriftgelehrten des Volkes zusammenkommen und erkundigte sich bei ihnen, wo der Messias geboren werden solle. Sie antworteten ihm: In Bethlehem in Judäa; denn so steht es bei dem Propheten: Du, Bethlehem im Gebiet von Juda, bist keineswegs die unbedeutendste unter den führenden Städten von Juda; denn aus dir wird ein Fürst hervorgehen, der Hirt meines Volkes Israel. Danach rief Herodes die Sterndeuter heimlich zu sich und ließ sich von ihnen genau sagen, wann der Stern erschienen war. Dann schickte er sie nach Betlehem und sagte: Geht und forscht sorgfältig nach, wo das Kind ist; und wenn ihr es gefunden habt, berichtet mir, damit auch ich hingehe und ihm huldige. Nach diesen Worten des Königs machten sie sich auf den Weg. Und der Stern, den sie hatten aufgehen sehen, zog vor ihnen her bis zu dem Ort, wo das Kind war; dort blieb er stehen. Als sie den Stern sahen, wurden sie von sehr großer Freude erfüllt. Sie gingen in das Haus und sahen das Kind und Maria, seine Mutter; da fielen sie nieder und huldigten ihm. Dann holten sie ihre Schätze hervor und brachten ihm Gold, Weihrauch und Myrrhe als Gaben dar. Weil ihnen aber im Traum geboten wurde, nicht zu Herodes zurückzukehren, zogen sie auf einem anderen Weg heim in ihr Land.

Mt 2,1-12

Wir kennen diesen Abschnitt des Evangeliums vielleicht als farbenprächtige Krippenszene. Solche Bilder können helfen, innerlich näher an das Heilsgeschehen zu kommen. Es geht jedoch nicht darum, sich im Vielen zu verlieren, sondern bei dem zu verweilen, was mich jetzt anspricht und bewegt.
Die Sterndeuter kommen aus der Ferne und suchen Jesus. Auch wir kommen oft von weit her, müssen uns erst sammeln und orientieren auf Jesus hin.
So richte ich mich innerlich dahin aus, dass ich Jesus, dass ich Gott suche. Immer wieder kann ich mich »aus der Ferne« zu Ihm hinwenden.

Als sie den Stern sahen, wurden sie von sehr großer Freude erfüllt. Sie gingen in das Haus und sahen das Kind und Maria, seine Mutter; da fielen sie nieder und huldigten ihm.

Mt 2,10f.

Ein Stern hat ihnen den Weg gewiesen zu dem König, den sie suchen, und sie finden eine Mutter mit einem kleinen Kind:
Ich kann selbst schauen nach den »Sternen« in meinem Leben, nach dem »Stern«, der mich leitet, nach der Hoffnung, dem Licht, dem Leitbild, dem ich nachgehe. Und: Christus begegnet mir im scheinbar Alltäglichen, in den Menschen, zu denen ich komme: »Was ihr dem Geringsten meiner Schwestern und Brüder getan habt, das habt ihr mir getan.« Mt 25,40

Abschluss

Zurückschauen

8. Tag: Die Taufe Jesu

Ich setze einen bewussten Anfang

Anfangsgebet

Wahrnehmungsübung zum Stillwerden

Meditationsimpuls

In jener Zeit trat Johannes in der Wüste auf und verkündete: Nach mir kommt einer, der ist stärker als ich; ich bin es nicht wert, mich zu bücken, um ihm die Schuhe aufzuschnüren. Ich habe euch nur mit Wasser getauft, er aber wird euch mit dem Heiligen Geist taufen.
In jenen Tagen kam Jesus aus Nazaret in Galiläa und ließ sich von Johannes im Jordan taufen. Und als er aus dem Wasser stieg, sah er, dass der Himmel sich öffnete und der Geist wie eine Taube auf ihn herabkam. Und eine Stimme aus dem Himmel sprach: Du bist mein geliebter Sohn, an dir habe ich Gefallen gefunden.

Mk 1,7-11

Das Fest der Taufe Jesu beschließt den Weihnachtsfestkreis. Jesus tritt uns als erwachsener Mann entgegen und beginnt sein öffentliches Wirken.
Theologische Überlegungen, die sich mit dem Warum und Wie der Taufe Jesu verbinden, sollen hier beiseite gelassen werden.
Zur Betrachtung kann ich meinen Blick auf Jesus richten, wie er sich einreiht unter diejenigen, die zu Johannes kommen, um sich taufen zu lassen.
Taufe – das bedeutete Eintauchen, Untertauchen, zu neuem Leben wieder emporkommen.
In diesem Moment hört Jesus eine Stimme, die zu ihm sagt: »Du bist mein geliebter Sohn, an dir habe ich Gefallen gefunden.«

Wenn ich selbst als kleines Kind getauft worden bin, habe ich daran keine bewusste Erinnerung. Trotzdem kann ich mich zu dem Geschehen meiner Taufe hinwenden: Ich bin zur Taufe gebracht worden, gehalten, mit dem Kreuzzeichen gesegnet, getauft, gesalbt, mit einem weißen Gewand bekleidet worden, habe eine Kerze bekommen als Zeichen für das Licht Christi. All das macht deutlich, dass Gott zu mir sagt: Du bist meine geliebte Tochter, mein geliebter Sohn, an dir habe ich Gefallen (gefunden).

Ich höre innerlich auf diese Stimme, gebe ihr Raum in mir und verweile dabei.

Abschluss

Zurückschauen

Bemerkung zum Foto: Die Erneuerung der Erwachsenentaufe ist besonders aktuell in den Missionsländern und in der säkularisierten Gesellschaft.

Begleittreffen – Advent und Weihnachten

am Beginn der Adventszeit
oder Erfahrungsaustausch nachher

Bemerkung: Sollten die Exerzitien in der Fastenzeit anfangen und im Advent fortgesetzt werden, findet dieses Begleittreffen am Anfang des Advents statt. Ausblick auf die Themen der Advents- und Weihnachtszeit, s.S. 53f.. In einem solchen Fall soll man die Exerzitien in der Fastenzeit mit dem Begleittreffen, s.S. 47-54 und der Einstimmung auf die Fastenzeit, S. 75f., einleiten.

1. Begrüßung

2. Beten oder singen

GL Nr. 107: »Macht hoch die Tür, die Tor macht weit, es kommt der Herr der Herrlichkeit ...«
Möglichst alle Strophen singen.

3. Übung zum Stillwerden

Bitten Sie die Teilnehmer für diese Übung alles aus ihren Händen zu legen (Tasche, Unterlagen) und die Augen zu schließen.
Bitte langsam lesen und selbst hinspüren. Lassen Sie diese Übung zum Stillwerden zu Ihrer eigenen werden und die Gruppe daran teilnehmen.

Ich nehme wahr wie ich jetzt da bin. – Meine Gedanken – meine Gefühle –
Ich spüre mich auf dem Stuhl auf dem ich sitze.
Ich spüre meine Füße auf dem Boden.
Ich spüre zu meiner Sitzfläche hin, richte mich vom Becken her auf.
Meine Wirbelsäule ist gerade.
Ich lege meine Hände auf meinen Unterbauch.

Begleittreffen – Advent und Weihnachten

Ich sammle mich unter meine Hände.
Ich spüre wie sich meine Bauchdecke beim Einatmen wölbt
und beim Ausatmen wieder senkt.
Ich bin mit meiner ganzen Aufmerksamkeit in dieser Atembewegung.
Zeit lassen zum Nachspüren.

4.
Impuls zur Betrachtung

Macht hoch die Tür, die Tor macht weit.
Mit diesem Lied bin ich aufgerufen, mich aufzumachen, mein Herz zu bereiten, als Tempel für den Heiland, der in mir wohnen möchte ... Er geht mit mir auf allen meinen Wegen. In seiner Gnade darf ich sein. Komm, o mein Heiland Jesu Christ, meins Herzens Tür dir offen ist ... möchte ich mich mit diesem Liedvers jetzt zu Jesus hin öffnen.
Stille
Ich öffne meine Augen, atme tief durch und bewege mich.

5.
Besinnung und Rückblick

Ich schaue auf die Tage der Exerzitien im Advent.
Ich erinnere mich an die Meditationsimpulse der Adventszeit, vgl. S. 53.

6.
Austausch in Kleingruppen über die praktische Übung

Wie ist es mir jetzt damit gegangen?
Oder: Wie ist es mir mit den Betrachtungen der Advents-und Weihnachtszeit gegangen?

> Begleittreffen – Advent und Weihnachten

7.
Plenumsgespräch

Klären von evtl. Fragen, Anliegen, Bedenken

8.
Einstimmung auf die Themen der 1. Woche in der Fastenzeit

In den Wocheneinführungen geht es immer darum, die Exerzitienteilnehmer/innen einfühlsam zu einem Verständnis der kommenden Tage zu führen und ihnen aufzuschließen, was an diesen Tagen mit »Üben« gemeint ist.

Die Zeiten und Übungen der ersten Exerzitienwoche in der Fastenzeit möchten Sie »auf den Geschmack bringen«, den Geschmack der Stille und der Aufmerksamkeit. Sie möchten Sie einladen, mit Jesus zu gehen und auf Ihn zu hören.

1. Tag:
Es geht darum, Raum zu suchen und zu finden für die eigene Gebetszeit.

2. Tag:
Die Teilnehmer/innen sind eingeladen, mit wachen, offenen Sinnen durch die Natur zu gehen.

3. Tag:
Durch die innere Unruhe hindurch kann ich mich zu meiner Mitte hinwenden.

4. Tag:
Ich habe einen Weg begonnen – wie entschieden bin ich für diesen Weg?

5. Tag:
Zwei Jünger gehen Jesus nach und fragen ihn, wo er wohne. Wie sie kann ich der Einladung folgen: Kommt und seht!

Begleittreffen – Advent und Weihnachten

6. Tag:
Die Jünger ziehen sich mit Jesus an einen einsamen Ort zurück. Auch ich darf mich zurückziehen, mir Zeit nehmen.

7. Tag:
Rückblick

9. Abschluss und Segensgebet

Herr, wir bitten dich: Segne uns. Halte deine schützenden Hände über uns und gib uns deinen Frieden. Amen.

Halten Sie Ihre Erfahrung einmal in ein paar kurzen Notizen fest.

Fastenzeit

1. Woche – Still werden

Bemerkung: Diese Woche der Exerzitien könnte u.U. auch wegen ihrer allgemeinen Thematik der Exerzitienwoche in der Advents- und Weihnachtszeit vorgezogen werden.

Die Zeiten und Übungen der ersten Fasten-Woche möchten Sie »auf den Geschmack bringen«, den Geschmack der Stille und der Aufmerksamkeit. Sie möchten Sie einladen, mit Jesus zu gehen und auf Ihn zu hören.

1. Tag: Du hast mir Raum geschaffen

Ich setze einen bewussten Anfang

Ich beginne meine stille Zeit mit einem Kreuzzeichen, einer Verneigung ...

Anfangsgebet

(z.B. folgendes Gebet oder ein anderes, mit dem ich mich Gott öffne) –

> Hier bin ich, Gott, vor dir, so wie ich bin –
> mit meiner Sehnsucht, meiner Hoffnung, meiner Freunde,
> meinem Ärger, meiner Müdigkeit ...

> Hilf mir zu sehen, was Du mir jetzt zeigen möchtest,
> zu hören, was Du mir jetzt sagen möchtest,
> zu spüren, dass Du mit mir gehst und bei mir bleibst.
>
> So bin ich jetzt da vor Dir.

Ich lasse mich entschieden und bewusst auf die folgenden Übungen und Meditationsimpulse ein.

Wahrnehmungsübung zum Stillwerden

Bitte wählen Sie eine der Wahrnehmungsübungen von Seite 33 bis 37. Wenn Sie Ihnen schwerfallen, vertrauen Sie darauf, dass das wiederholte Üben Sie in der Tiefe öffnet für das Wort und die Gegenwart Gottes. (Verweilen Sie 5 – 10 Min. in dieser Übung.)

Meditationsimpuls

Der Impuls des heutigen Tages möchte Sie einladen, Ihre Wohnung und Ihren Lebensraum bewusst wahrzunehmen, und Ihnen helfen, einen guten Ort für Ihre Gebetszeiten zu finden.

> Ich gehe durch mein Zimmer, meine Wohnung, betrachtend, nicht korrigierend – nehme sie wahr.
>
> Ich lasse die Dinge jetzt so sein, wie sie sind.
>
> Ich suche mir einen Platz, wo ich für die Gebetszeit verweilen will.
>
> Ich richte diesen Ort einfach und liebevoll her.
>
> Ich nehme dazu eine Kerze, einen Gegenstand, ein Symbol, z.B. ein Kreuz, einen Stein, einen Zweig, etwas, das mir wichtig ist (nicht

vieles, das mich zerstreut, sondern eines, das mir zur Sammlung hilft).

Ich suche mir eine (Sitz-)Haltung, in der ich wach und aufmerksam da sein kann: auf dem Boden, auf einem Hocker oder Stuhl …

Ich kann mit dem Psalm-Vers beten:
»*Du hast meine Füße auf weiten Raum gestellt*« (Ps 31,9)
oder: »*Du hast mir Raum geschaffen*« (Ps 4,2b)

Abschluss

Geste, z.B. Verneigung

Zurückschauen

Schauen Sie zurück, wie es Ihnen jetzt ergangen ist, ohne zu urteilen. Was nehmen Sie mit hinein in Ihren Alltag: ein Wort, eine innere Erfahrung …?

2. Tag: Ich gehe mit wachen Sinnen, öffne mich

Vorbemerkung: Gehen Sie heute in Ihrer Gebetszeit nach draußen, in die Natur, in einen Park oder Wald, in eine ruhige Straße, auch wenn das Wetter Sie nicht gerade dazu einlädt.

Ich setze einen bewussten Anfang

Anfangsgebet

Wahrnehmungsübung zum Stillwerden

Meditationsimpuls

Gehmeditation

Beim Gehen spüre ich den Boden unter meinen Füßen.
Ich höre auf die Geräusche um mich herum.
Ich spüre die Luft, ich schmecke sie, ich atme sie ein und wieder aus.
Ich spüre die Sonne, den Wind, den Regen ...
Ich schaue und entdecke die Natur, die Landschaft, meine Umgebung ganz bewusst.
Ich sehe, wie mit neuen Augen, als wäre es das erste Mal.
Ich taste und fühle z.B. einen Baumstamm, die Baumrinde, einen Stein.
Ich probiere mein Gehen, meine Gangart.
Ich gehe aufmerksam und ganz gegenwärtig und nehme wahr.

Abschluss

Zurückschauen

Schauen Sie zurück, wie es Ihnen jetzt ergangen ist, im wahrsten Sinne des Wortes. Was nehmen Sie mit hinein in Ihren Alltag?

3. Tag: Zu meiner Mitte kommen

Ich setze einen bewussten Anfang

Anfangsgebet

Wahrnehmungsübungen zum Stillwerden

Meditationsimpuls

Bildmeditation: Zu meiner Mitte kommen

Ich schaue das Bild an, lasse es »auf mich zukommen« (statt es auszuforschen).

Bildmeditation

»Nichts ist, was dich bewegt,
du selber bist das Rad
das aus sich selbsten lauft
und keine Ruhe hat.

Angelus Silesius

Dreissig Speichen umringen die Nabe,
wo Nichts ist,
liegt der Nutzen des Rads.

Aus Ton formt der Töpfer den Topf,
wo er hohl ist,
liegt der Nutzen des Topfs.

Tür und Fenster höhlen die Wände,
wo es leer bleibt,
liegt der Nutzen des Hauses.

So bringt Seiendes Gewinn,
doch Nichtseiendes Nutzen.

Lao-Tse, Tao-te-king

Max Hunziker »Nichts ist, was dich bewegt...«,
Farblithografie, 1955
© Gertrud Hunziker-Fromm, Zürich

Ich bin aufmerksam für das, was mich anspricht.
Vielleicht kann ich in einen Dialog mit dem Bild, der Frau kommen.

Weitere Anregungen:

Der Vers aus dem Cherubinischen Wandersmann von Angelus Silesius, zu dem das Bild gestaltet ist, heißt:

> »Nichts ist, was dich bewegt,
> du selber bist das Rad
> das aus sich selbsten läuft
> und keine Ruhe hat.«

Ich fühle mich von vielem bewegt, getrieben und gehetzt.
Und doch: Ich suche meine Mitte, meinen inneren ruhenden Pol.

Ich kann das jetzt tun, indem ich für den Rest der Besinnungszeit, z.B. mit meiner Wahrnehmungsübung zum Stillwerden bete.

Abschluss

Zurückschauen

4. Tag: Mit dem ersten Schritt gehst du durch das Tor

Ich setze einen bewussten Anfang

Anfangsgebet

Wahrnehmungsübungen zum Stillwerden

Meditationsimpuls

Wenn du zum Tor des Lebens gelangen willst,
musst du aufbrechen, einen Weg suchen,
der auf keiner Karte verzeichnet
und in keinem Buch beschrieben ist.

Dein Fuß wird an Steine stoßen,
die Sonne wird brennen
und dich durstig machen,
deine Beine werden schwer werden.

Die Last der Jahre wird dich niederdrücken.
Aber irgendwann wirst du beginnen,
diesen Weg zu lieben.
Weil du erkennst, dass es dein Weg ist.

Du wirst straucheln und fallen,
aber die Kraft haben, wieder aufzustehen.
Du wirst Umwege und Irrwege gehen,
aber dem Ziel näher kommen.

Alles kommt darauf an,
den ersten Schritt zu wagen.
Denn mit dem ersten Schritt gehst du durch das Tor.

Aus: W. Poeplau/ C. Contzen, Geh durch das Tor zum Leben, Freiburg, 1984

Ich lese den Text mehrmals, lasse dazu Bilder vor mein inneres Auge kommen. Finde ich in manchem meine eigene Erfahrung wieder? Was spricht mich an, lädt mich ein? Will ich mich auf meinen Weg, den Weg dieser Exerzitien einlassen? Auch auf dem Weg dieser Exerzitien im Alltag werden möglicherweise »Durststrecken« kommen. Ich kann mich dann erinnern, dass ich mich entschieden habe, mich auf die Verheißungen des Weges einzulassen.

Abschluss

Zurückschauen

1. Woche – Still werden

5. Tag: Wo wohnst du? – Kommt und seht

Ich setze einen bewussten Anfang

Anfangsgebet

Wahrnehmungsübung zum Stillwerden

Meditationsimpuls

Am Tag darauf stand Johannes wieder dort, und zwei seiner Jünger standen bei ihm. Als Jesus vorüberging, richtete Johannes seinen Blick auf ihn und sagte: Seht, das Lamm Gottes! Die beiden Jünger hörten, was er sagte, und folgten Jesus. Jesus aber wandte sich um, und als er sah, dass sie ihm folgten, fragte er sie: Was wollt ihr? Sie sagten zu ihm: Rabbi – das heißt übersetzt: Meister –, wo wohnst du? Er antwortete: Kommt und seht! Da gingen sie mit und sahen, wo er wohnte und blieben jenen Tag bei ihm; es war um die zehnte Stunde.

Joh 1,35-39

Ich öffne mich für den Text. Ich schaue mit meiner ganzen Vorstellungskraft auf die Einzelheiten dieses Evangeliums.
Dabei lasse ich konzentriert und ruhig mit allen meinen Sinnen in mir den Ort dieser Begegnung entstehen.
Es macht nichts, wenn ich den konkreten Ort nicht kenne. Wichtig ist, dass ich das biblische Geschehen nicht nur in verschwommenen Bildern ansiedle, sondern in meinem inneren Erleben plastisch und klar entstehen lasse.
Dafür nehme ich mir so viel Zeit, wie ich brauche, um alle Einzelheiten der Szene genau vor mir zu haben. Ich befrage dazu meine Sinne:

Was sehe ich:

Wie sieht die Landschaft, in der diese Begegnung am Jordan stattfindet, für mich aus? Wasser, Wüste, Bäume, Büsche, Felsen …?
Wie sehen die Personen aus, die sich dort begegnen? Was haben sie an? Jesus, Johannes, die Jünger, andere, die Johannes zuhören.

Was höre ich:
> Wasser, Vögel, Wind, Wortfetzen ...

Was rieche ich:
> Wasser, Erde, Blüten, Laub ...

Was spüre ich:
> Kühle des Wassers, Wind, Hitze ...

Was schmecke ich:
> Wasser, Staub ...

Wenn so der Schauplatz dieser Begegnung entstanden ist, lasse ich darauf die Ereignisse an mir vorüberziehen:
Jesus geht an Johannes vorüber – Johannes nennt ihn: Lamm Gottes
Zwei Jünger des Johannes folgen Jesus – Jesus dreht sich um:
Was wollt ihr? – Rabbi, wo wohnst du – Kommt und seht – Sie gehen mit und bleiben

Ich spüre nach, was es mir bedeutet, wenn:
Jesus mich einlädt
Jesus mich mitgehen lässt
Jesus mich an seinem Ort zum Bleiben einlädt.
Ich komme innerlich mit Jesus darüber ins Gespräch.

Abschluss

Zurückschauen

Wie ist es mir ergangen? – Was hat mich besonders angerührt?
Was nehme ich mit in meinen Alltag?

6. Tag: Kommt mit an einen einsamen Ort

Ich setze einen bewussten Anfang

Anfangsgebet

Wahrnehmungsübung zum Stillwerden

Meditationsimpuls

Die Apostel versammelten sich wieder bei Jesus und berichteten ihm alles, was sie getan und gelehrt hatten. Da sagte er zu ihnen: Kommt mit an einen einsamen Ort, wo wir allein sind, und ruht ein wenig aus. Denn sie fanden nicht einmal Zeit zum Essen, so zahlreich waren die Leute, die kamen und gingen.

Mk 6,30-31

Ich lasse die Szene in mir lebendig werden:

Auch ich finde manchmal nicht einmal Zeit zum Notwendigen.
Da nimmt Jesus mich beiseite: Komm mit, ... ruh ein wenig aus.
Hier ist der einsame Ort, wo ich zur Ruhe kommen kann, jetzt ist die Zeit dafür.
Jetzt kann ich mich Jesus anvertrauen.

Abschluss

Zurückschauen

7. Tag: Rückblick auf die erste Woche

Ich setze einen bewussten Anfang

Anfangsgebet

Wahrnehmungsübung zum Stillwerden

Meditationsimpuls

Rückblick auf die erste Fastenwoche

- Greifen Sie ein Thema der vergangenen Woche noch *einmal auf*, das Sie besonders angesprochen hat –
- oder etwas, was Sie jetzt bewegt im Hinblick auf die vergangene Woche oder den vergangenen Tag –
- oder ein Thema, das zu kurz gekommen ist, weil Sie zu wenig Zeit dafür hatten.

Abschluss

Zurückschauen

Begleittreffen zur Fastenzeit nach der 1. Woche

1.
Begrüßung

2.
Beten oder Singen
Zum Beispiel: Schweige und höre, neige deines Herzens Ohr, suche den Frieden.

3.
Besinnung und Rückblick auf die erste Fastenwoche
Ich erinnere mich an die Meditationsimpulse der letzten Woche.

- Mein Suchen nach meinem Raum –
- Die Öffnung meiner Sinne beim bewussten Gehen –
- Mein Wahrnehmen, was mich bewegt und treibt –
- Meine Entscheidung für den Weg der Exerzitien –
- Die Einladung Jesu zu ihm zu kommen –
- Die Einladung an mich, an einem einsamen Ort Jesus zu begegnen

4.
Austausch in Kleingruppen
Siehe Hinweise für die Kleingruppengespräche auf S. 44.

5.
Plenumsgespräch

6.
Praktische Übung einer Tagesbetrachtung
Bibelbetrachtung nach Ignatius anhand der Bibelstelle Mk 6,30-31

Begleittreffen zur Fastenzeit nach der 1. Woche

Es geht darum, gemeinsam mit den Teilnehmern nochmals einzuüben, was sie bereits am 5. Tag der Exerzitien selbständig versucht haben. Ermutigen Sie sie dazu, mit aller Ruhe und Phantasie den Schauplatz des biblischen Geschehens in ihrem Inneren entstehen zu lassen. Bestätigen Sie nochmal, dass es nicht darum geht, den Ort zu kennen, sondern, das biblische Geschehen im inneren Erleben plastisch und klar entstehen zu lassen. Leiten Sie zunächst die Stilleübung an und führen Sie danach mit Hilfe der angegebenen Punkte durch den Text.

A) Stilleübung

Bitte langsam lesen (besser: auswendig anleiten) und dabei selbst hinspüren. Durch Ihr Mittun können Sie die Zeit, die die Teilnehmer für das Erspüren brauchen, besser einschätzen.

Ich nehme wahr, wie ich jetzt da bin. – Meine Gedanken – meine Gefühle –
Ich spüre mich auf dem Stuhl, auf dem ich sitze.
Ich spüre meine Füße auf dem Boden.
Ich spüre zu meiner Sitzfläche hin, richte mich vom Becken her auf.
Meine Wirbelsäule ist gerade.
Meine Hände liegen auf den Oberschenkeln oder ruhen im Schoß.
Mein Scheitelpunkt zeigt nach oben.
Ich fühle mich getragen vom Stuhl und vom Boden.
Ich spüre meinen Atem, wie er kommt und geht und lasse mit jedem Ausatmen mehr los.
Ich bleibe ganz aufmerksam in meiner Atembewegung.
Ich werde ruhig, mein Ausatem wird länger.

Ca. 5 Min. Stille

| Begleittreffen zur Fastenzeit nach der 1. Woche |

B) Bibeltext

Die Apostel versammelten sich wieder bei Jesus und berichteten ihm alles, was sie getan und gelehrt hatten. Da sagte er zu ihnen: Kommt mit an einen einsamen Ort, wo wir allein sind und ruht ein wenig aus. Denn sie fanden nicht einmal Zeit zum Essen, so zahlreich waren die Leute, die kamen und gingen.

C) Aufbau des Schauplatzes

Was sehe ich:
> Wie sieht die Landschaft, das Haus aus, wo die Jünger mit Jesus zusammentreffen und zu berichten versuchen, obwohl noch zahllose Leute zu Jesus vordringen wollen?
> Wie sehen die Personen aus, die sich dort begegnen? Was haben sie an? Jesus, die Jünger, andere?

Was höre ich:
> Lärm, Wortfetzen, Rufe ...

Was rieche ich:
> Das Essen, das zubereitet wird ...

Was spüre ich:
> Hitze, Bedrängnis durch die herandrückenden Menschen ...

Was schmecke ich:
> Staub, Trockenheit

D) Jesus sagt:

Kommt mit an einen einsamen Ort, wo wir allein sind und ruht ein wenig aus.

> Begleittreffen zur Fastenzeit nach der 1. Woche

E) Stille und Einladung zum Zwiegespräch mit Jesus

F) Abschluss der Übung und Zurückschauen:

Wie ist es mir ergangen?
Was hat mich besonders angerührt?

G) Raum für Rückfragen zu dieser Übung

7.
Ausblick auf die kommende Woche

In der zweiten Woche der Fastenzeit geht es darum, meine Sehnsucht nach Gott wahrzunehmen und aufmerksamer darauf zu werden, wie Gott dieser Sehnsucht Antwort gibt:

1. Tag
Ich hoffe und warte auf sein Wort.

2. Tag
Er hat mich bei meinem Namen gerufen.

3. Tag
Er hat mich in seine Hände eingezeichnet.

4. Tag
Er lässt mich lagern auf grünen Auen.

Begleittreffen zur Fastenzeit nach der 1. Woche

5. Tag
Er hat mich geschaffen nach seinem Bild.

6. Tag
Auf ihn soll ich hören.

8.
Abschlussgebet

Jesus, sieh mich an in meinem täglichen Kampf und hab Mitleid mit mir. Oft handle ich so, als seist du nicht sichtbar genug, nicht hörbar genug, nicht greifbar genug. Lehre mich, meinen Blick auf dich gerichtet zu halten, dich zu hören, deine Liebe anzunehmen und in deiner Geborgenheit zu leben. Amen.

Halten Sie Ihre Erfahrung einmal in ein paar kurzen Notizen fest.

2. Woche – Antworten hören

Die Meditationsimpulse der 2. Woche bringen Schriftworte, die Antwort geben auf die Sehnsucht des Menschen, gesehen, angenommen, geliebt zu werden.

1. Tag: Ich hoffe und warte auf sein Wort

Ich setze einen bewussten Anfang

Anfangsgebet

Wahrnehmungsübung zum Stillwerden

Meditationsimpuls

Ich hoffe auf den Herrn, es hofft meine Seele; ich warte voll Vertrauen auf sein Wort.
Meine Seele wartet auf den Herrn mehr als die Wächter auf den Morgen.
Mehr als die Wächter auf den Morgen soll Israel harren auf den Herrn.
Denn beim Herrn ist die Huld, bei ihm ist Erlösung in Fülle.

Ps 130,5-7

Ich lasse die Psalmverse bei mir ankommen.
Ich bin aufmerksam dafür, was mich anspricht, wo ich mit meiner Erfahrung berührt bin.
Ich verweile bei dem, was mich jetzt in Beziehung zu mir selbst und zu Gott bringt:

- meine Hoffnung – verschüttet, vergraben oder deutlich spürbar:
  Ich hoffe auf ..., ich warte ...
- Warten, das kenne ich –
  angespannt, ärgerlich, voller Freude ...

mehr als die Wächter auf den Morgen –
welche Kraft des Wartens und der Sehnsucht spricht daraus!
- ❏ Beim Herrn ist die Huld, bei Ihm kann ich mich bergen.
- ❏ Erlösung, Huld – die Worte umschließen alles, was ich brauche, im Grunde meines Herzens brauche.

Abschluss

Zurückschauen

2. Tag: Ich habe dich beim Namen gerufen

Ich setze einen bewussten Anfang

Anfangsgebet

Wahrnehmungsübung zum Stillwerden

Meditationsimpuls

Jetzt aber – so spricht der Herr, der dich geschaffen hat, Jakob, und der dich geformt hat, Israel:
Fürchte dich nicht, denn ich habe dich ausgelöst, ich habe dich beim Namen gerufen, du gehörst mir.

Jes 43,1

Was hier über Jakob und Israel gesagt ist, dürfen wir ganz persönlich nehmen: Gott sagt: Ich habe dich beim Namen gerufen!

Für die heutige Gebetszeit sind Sie eingeladen, bei und mit Ihrem Namen zu verweilen, ihn vielleicht laut zu sagen oder groß auf ein Blatt Papier zu schreiben.
Ihre Eltern haben Ihnen diesen Namen gegeben.
Sie sind auf diesen Namen getauft worden ...
Wie ist es Ihnen mit Ihrem Namen bisher gegangen?

Wie werden Sie heute angeredet, genannt ...
Was bedeutet Ihr Name Ihnen heute?

Lassen Sie schließlich dafür Raum, wie Gott Sie beim Namen ruft ...
Ich lausche innerlich wie er mich nennt, wie sein Rufen klingt ...

Abschluss

Zurückschauen

3. Tag: Sieh her: Ich habe dich eingezeichnet in meine Hände

Ich setze einen bewussten Anfang

Anfangsgebet

Wahrnehmungsübung zum Stillwerden

Meditationsimpuls

Kann denn eine Frau ihr Kindlein vergessen, eine Mutter ihren leiblichen Sohn?
Und selbst wenn sie ihn vergessen würde: ich vergesse dich nicht.
Sieh her: Ich habe dich eingezeichnet in meine Hände.

Jes 49,15-16

Ich schaue meine Hände an:

Außen – meine Handrücken – die einzelnen Finger – die Form meiner Hände.
Innen – meine Handflächen – meine Lebenslinien.
Ich bewege meine Hände – öffne und schließe sie – lege sie aufeinander – ineinander.
Ich ertaste die einzelnen Fingerknochen – die Sehnen – die Zwischenräume.
Ich spüre die Berührung – die Beschaffenheit meiner Haut.
Ich fühle mich in meinen Händen.

Hände, die arbeiten können, die zupacken können,
Hände, die halten und führen,
Hände, die trösten und heilen,
Hände, die zärtlich sein können und wärmen.

Spüren Sie, was es bei Ihnen auslöst, wenn Sie von Gott her hören: Ich habe dich eingezeichnet in meine Hände. Ich vergesse dich nicht.

Abschluss

Zurückschauen

4. Tag: Du lässt mich lagern auf grünen Auen

Ich setze einen bewussten Anfang

Anfangsgebet

Wahrnehmungsübung zum Stillwerden

Meditationsimpuls

Du lässt mich lagern auf grünen Auen
und führst mich zum Ruheplatz am Wasser.
Du stillst mein Verlangen;
Du deckst mir den Tisch
du füllst mir reichlich den Becher.
Du salbst mein Haupt mit Öl.
Lauter Güte und Huld werden mir folgen mein Leben lang, und im Haus des Herrn darf ich wohnen für lange Zeit.

(nach Ps 23,2 ff.)

Du lässt mich lagern auf grünen Auen und führst mich zum Ruheplatz ans Wasser.
Ich erinnere mich, wo ich lagern und ruhen darf?
Welche »grünen Auen«, Bergwiesen, Parkecken, Spazierwege, Ufer ... gibt es, gab es in meinem Leben?

Du stillst mein Verlangen;
du deckst mir den Tisch,
du füllst mir reichlich den Becher.
Ich erinnere mich an Momente, in denen mein Verlangen gestillt war.
Augenblicke des Gelingens, das Glück intensiver Begegnungen, liebenden Miteinanders. Einklang.

Du salbst mein Haupt mit Öl.
Ich erinnere mich an zärtliche Berührungen meines Körpers, meiner Seele.
Kann ich in all dem die Zuwendung Gottes zu mir entdecken?

Lauter Güte und Huld werden mir folgen mein Leben lang, und im Haus des Herrn darf ich wohnen für lange Zeit.
Ich er-innere mich der Einladung, bei Gott zu sein.
Ich bringe im Gebet zur Sprache, was mich jetzt bewegt.

Abschluss

Zurückschauen

5. Tag: Ich bin geschaffen nach deinem Bild

Ich setze einen bewussten Anfang

Anfangsgebet

Wahrnehmungsübung zum Stillwerden

Meditationsimpuls

Gott sprach: Lasst uns den Menschen machen nach unserem Bild, uns ähnlich!
Gen 1,26

Bildmeditation: Erschaffung des Adams, Chartres
© Zentralarchiv für Kunstgeschichte, München

Ich schaue das Bild an und lasse es auf mich wirken.

❐ Ich lasse die anderen Bilder in mir und um mich herum los.
❐ Ich nehme die Gesichtszüge wahr, die Haltung, die Nähe, die Ausstrahlung.
❐ Ich fühle mich ein.
❐ Ich nehme dieses Bild nach innen, in mich hinein.
❐ Ich »höre«, was das Bild mir sagen will.

Auch ich bin geschaffen nach dem Bild Gottes.
Ich verweile bei dieser Zusage.

Abschluss

Zurückschauen

6. Tag: Auf ihn sollt ihr hören

Ich setze einen bewussten Anfang

Anfangsgebet

Wahrnehmungsübung zum Stillwerden

Meditationsimpuls

Sechs Tage danach nahm Jesus Petrus, Jakobus und dessen Bruder Johannes beiseite und führte sie auf einen hohen Berg. Und er wurde vor ihren Augen verwandelt; sein Gesicht leuchtete wie die Sonne, und seine Kleider wurden blendend weiß wie das Licht. Da erschienen plötzlich vor ihren Augen Mose und Elija und redeten mit Jesus. Und Petrus sagte zu ihm: Herr, es ist gut, dass wir hier sind. Wenn du willst, werde ich hier drei Hütten bauen, eine für dich, eine für Mose und eine für Elija. Noch während er redete, warf eine leuchtende Wolke ihren Schatten auf sie, und aus der Wolke rief eine Stimme: Das ist mein geliebter Sohn, an dem ich Gefallen gefunden habe; auf ihn sollt ihr hören. Als die Jünger das hörten, bekamen sie große Angst und warfen sich mit dem Gesicht zu Boden. Da trat Jesus zu ihnen, fasste sie an und sagte: Steht auf, habt keine Angst! Und als sie aufblickten, sahen sie nur noch Jesus.
Während sie den Berg hinabstiegen, gebot ihnen Jesus: Erzählt niemand von dem, was ihr gesehen habt, bis der Menschensohn von den Toten auferstanden ist.

Mt 17,1-13

Ich stelle mir vor:

Jesus nimmt seine vertrautesten Jünger mit auf den Berg.
Vor ihren Augen wird er verwandelt.
Petrus möchte oben auf dem Berg bleiben in der Gegenwart des verklärten Jesus.
Eine Stimme ruft aus der Wolke: Das ist mein geliebter Sohn; auf ihn sollt ihr hören.

Die Jünger bekommen große Angst, da tritt Jesus auf sie zu, berührt sie und sagt: Steht auf, habt keine Angst.
Ich verweile bei dem Wort Gottes: »Auf Ihn sollst du hören.«
Ich nehme wahr, was es in mir bewegt.

▶ **Alternative:**

Bildmeditation mit dem Text auf der Rückseite, S. zw. 104/105

Abschluss

Zurückschauen

7. Tag: Rückblick auf die zweite Woche

Ich setze einen bewussten Anfang

Anfangsgebet

Wahrnehmungsübung zum Stillwerden

Meditationsimpuls

Ich schaue zurück auf die zweite Woche dieser Exerzitien:

❐ Wie ist es mir ergangen, was habe ich erlebt – in den Gebetszeiten, beim Tagesrückblick, in meinem täglichen Leben –, woran erinnere ich mich?
❐ Was bewegt und berührt mich jetzt?
 Wo spüre ich, dass ich weiter-, tiefergehen möchte, was zieht mich an?
❐ Ich verweile bei dem, was jetzt wichtig ist für mich, und bringe es ins Gespräch, in die Beziehung mit Gott.

❐ Ich kann Gott bitten um die Entschiedenheit, auf dem Weg zu bleiben, der mich zu mehr Hoffnung, Leben, Liebe führt.

Abschluss

Zurückschauen

Begleittreffen zur Fastenzeit nach der 2. Woche

1.
Begrüßung

2.
Beten oder Singen
GL 521
Herr, gib uns Mut zum Hören auf das, was du uns sagst.
Wir danken dir, dass du es mit uns wagst.

3.
Praktisches Üben einer Tagesbesinnung
Wahrnehmungsübung und Bildbetrachtung mit dem Bild, S. zw. 112/113.

Bitten Sie die Teilnehmer, für die Übung zum Stillwerden alles aus ihren Händen zu legen (Taschen, Unterlagen) und die Augen zu schließen.
Nur das Bild für die Betrachtungszeit vorher austeilen und griffbereit legen.
Bitte langsam lesen und selbst hinspüren. Durch Ihr Mittun schaffen Sie die Atmosphäre im Raum. Ihr Gegenwärtigsein überträgt sich auf die Teilnehmer.

Ich nehme wahr, wie ich jetzt da bin. – Meine Gedanken – meine Gefühle –
Ich spüre mich auf dem Stuhl, auf dem ich sitze.
Ich spüre meine Füße auf dem Boden.
Ich spüre zu meiner Sitzfläche hin, richte mich vom Becken her auf.
Meine Wirbelsäule ist gerade.
Meine Hände liegen auf den Oberschenkeln oder ruhen im Schoß.
Mein Scheitelpunkt zeigt nach oben.
Ich fühle mich getragen vom Stuhl und vom Boden.
Ich spüre meinen Atem, wie er kommt und geht und lasse mit jedem Ausatmen mehr los.
Ich bleibe ganz aufmerksam in meiner Atembewegung.
Stille ca. 5 Min.

Begleittreffen zur Fastenzeit nach der 2. Woche

Ich öffne meine Augen, nehme jetzt das Bild in die Hand und lasse mich auf das Bild ein.

Sich auf *ein* Bild einlassen bedeutet, alle anderen Bilder um mich herum loslassen, um leer zu werden von mir selbst, um hörend/sehend zu werden.
Ich betrachte das Bild aufmerksam, aber absichtslos. –
Nach einer Weile schließe ich meine Augen und lasse das Bild vor meinen inneren Augen entstehen mit allen Einzelheiten, die mir wichtig sind. –
So verinnerliche ich das Bild und verweile
und warte, was das Bild mir sagt.
Stille.

Ich beende die Meditation durch tiefes Ein- und Ausatmen, öffne meine Augen und bewege mich.

4.
Austausch in Kleingruppen (siehe auch S. 44f.)

a) Austausch über die praktische Übung

Wie ist es mir jetzt damit gegangen?
Wie ist es mir zuhause mit der Bildbetrachtung gegangen?

b) Rückblick auf die vergangene Woche

Was möchte ich noch ansprechen?
Zur Erinnerung: Die Betrachtungsthemen der letzten Woche:
Mein Hören auf Gott –
Mein Hoffen und Warten auf sein Wort –
Von Gott bei meinem Namen gerufen –
Eingezeichnet in seine Hände –
Von Gott auf grüne Auen und Ruheplätze geführt –
Nach seinem Bild geschaffen –
Mein Hören auf Jesus –

Bildmeditation zu Mt 17, 1-13; Mk 9,2-10

Das Fest der Verklärung Christi wird in der Ostkirche, aus der diese Ikone stammt, seit dem 6. Jahrhundert gefeiert; in der abendländischen Kirche fand es Ende des 15. Jahrhunderts allgemeine Verbreitung (6. August).
Die Verklärung (Mt 17,1-13) darzustellen, ist ein Wagnis.
Es gibt nicht viele Bilder zu diesem Thema. Menschliche Worte und irdische Farben versagen vor dem Lichtglanz Gottes.
In der oberen Hälfte steht Christus in einem lichten Gewand wie schwebend auf einem Gipfel. Er hat die Rechte segnend erhoben; in der Linken trägt er eine Schriftrolle. Christus erscheint in einem weißen, sechszackigen Licht vor zwei grauweißen Lichtscheiben.
Feine weiße Strahlen kommen aus dem dunklen Mittelpunkt der Lichtkreise.
Drei bläuliche Strahlen aus dem Lichtbündel treffen die Jünger.
Elija (links) und Mose (rechts) stehen, jeder auf einem besonderen Gipfel, neben Christus.
Am Fuße des Berges sind die drei Apostel zu Boden gestürzt.
An ihrer Körperhaltung lässt sich ablesen, mit welcher Wucht das Gotteslicht sie getroffen hat.
Die Jünger reagieren auf die Verklärung so, wie sich überall in der Bibel Menschen verhalten, die etwas von Gottes Herrlichkeit zu spüren bekommen.
Sie sind bestürzt, geblendet und entzückt zugleich.

Ikone von Feofan Grek. Rußland, Ende 14. Jahrhundert
Moskau, Staatliche Tretiakow-Galerie
(nach: Schulbibel, a.a.O., S. 129)

| Begleittreffen zur Fastenzeit nach der 2. Woche |

5.
Plenumsgespräch

6.
Ausblick auf die kommende Woche

In der dritten Woche der Exerzitien in der Fastenzeit geht es um Heilung und heil werden in Bezug auf Begrenzungen und Versagen, Verletzungen und Wunden, sowie ungelebtes Leben.

1. Tag:
Es geht darum, die eigenen Herzensverhärtungen und Widerstände, die Ichsucht und Habsucht zu erkennen und von Gott wandeln zu lassen.

2. u. 3. Tag:
Jesus zeigt uns im Gleichnis vom barmherzigen Vater, wie Gott uns in Freiheit nach eigenem Willen leben lässt und uns mit all unseren Verirrungen und Verfehlungen, mit unserem Vergleichen und Verurteilen immer wieder neu beginnen lässt.

4. u. 5. Tag:
Im Evangelium mit der Frau, die Blutfluss hat, geht es um das, was uns »ausbluten« lässt, um das, was nur die Kraft der Liebe, das In-Berührung-Kommen mit Jesus heilen kann.

6. Tag:
Bildbetrachtung: Mein Schauen auf den leidenden Jesus, zw. S. 112/113.

> Begleittreffen zur Fastenzeit nach der 2. Woche

7.
Abschluss und Segensgebet

Der Herr segne dich,
er mache dich frei von allem unguten »man tut«.
Er gebe dir den Mut, deinen eigenen Weg zu gehen.
Offene Augen und Ohren schenke er dir,
damit du seine Wunder jeden Tag erkennst
in all den unscheinbaren Dingen des Alltags.
Er schaffe dir Herausforderungen und genügend Ruhe.
Segnend möge er dir nahe sein.

Halten Sie Ihre Erfahrung einmal in ein paar kurzen Notizen fest.

3. Woche – Heilung ersehnen

In der dritten Woche geht es darum, die eigenen Verletzungen und Grenzen, ungelebtes Leben und Versagen wahrzunehmen unter dem liebenden Blick Gottes, der unsere Heilung will: Jesus sagt von sich: »Ich bin gekommen, dass sie das Leben haben und es in Fülle haben.« (Joh 10,10b)

1. Tag: Ich gebe euch ein neues Herz

Ich setze einen bewussten Anfang

Anfangsgebet

Wahrnehmungsübung zum Stillwerden

Meditationsimpuls

Ich gebe euch ein neues Herz und lege meinen Geist in euer Inneres.
Das steinerne Herz nehme ich aus eurem Leib und gebe euch ein Herz aus Fleisch. Meinen Geist lege ich in euer Inneres und mache, dass ihr nach meinen Satzungen lebt und meine Gebote getreu erfüllt.
Dann dürft ihr bleiben in dem Land, das ich euren Vätern geschenkt, ihr werdet mein Volk sein und ich werde euer Gott sein. Ich befreie euch von all eurer Schuld.

Ez 36,26-29a

Ich wende meine Aufmerksamkeit nach innen, zu meinem leiblichen Herzen hin. Ich spüre, wie es schlägt, mich leben lässt. Herz, das bedeutet auch: Mitte, Zentrum, Innerstes.

So spricht Gott:
Ich gebe euch ein neues Herz ...

Auch mein Herz hat verhärtete, steinerne Stellen:

- ❐ wenn ich nicht verzeihen kann,
- ❐ wenn ich nicht lieben kann,
- ❐ wenn ich nur um mein Wohlergehen, meine eigene kleine Welt kreise,
- ❐ wenn ich mich verschließe, krampfhaft festhalte, was ich habe ...

Wenn ich mich öffne für Ihn, wird er die verhärteten, die steinernen Stellen meines Herzens wandeln und mir ein neues, lebendiges, Ihm zugewandtes Herz schenken.

Abschluss

Zurückschauen

2. Tag: Die Liebe des Vaters kommt mir entgegen

Ich setze einen bewussten Anfang

Anfangsgebet

Wahrnehmungsübung zum Stillwerden

Meditationsimpuls

Weiter sagte Jesus: Ein Mann hatte zwei Söhne. Der jüngere von ihnen sagte zu seinem Vater: Vater, gib mir das Erbteil, das mir zusteht. Da teilte der Vater das Vermögen auf. Nach wenigen Tagen packte der jüngere Sohn alles zusammen und zog in ein fernes Land. Dort führte er ein zügelloses Leben und verschleuderte sein Vermögen. Als er alles durchgebracht hatte, kam eine große Hungersnot über das Land, und es ging ihm sehr schlecht. Da ging er zu einem Bürger des Landes und drängte sich ihm auf; der schickte ihn aufs Feld zum Schweinehüten. Er hätte gern seinen Hunger mit den Futterschoten

gestillt, die die Schweine fraßen; aber niemand gab ihm davon. Da ging er in sich und sagt: Wie viele Tagelöhner meines Vaters haben mehr als genug zu essen, und ich komme hier vor Hunger um. Ich will aufbrechen und zu meinem Vater gehen und zu ihm sagen: Vater, ich habe mich gegen den Himmel und gegen dich versündigt. Ich bin nicht mehr wert, dein Sohn zu sein; mach mich zu einem deiner Tagelöhner. Dann brach er auf und ging zu seinem Vater. Der Vater sah ihn schon von weitem kommen, und er hatte Mitleid mit ihm. Er lief dem Sohn entgegen, fiel ihm um den Hals und küsste ihn. Da sagte der Sohn: Vater, ich habe mich gegen den Himmel und gegen dich versündigt; ich bin nicht mehr wert, dein Sohn zu sein. Der Vater aber sagte zu seinen Knechten: Holt schnell das beste Gewand, und zieht es ihm an, steckt ihm einen Ring an die Hand, und zieht ihm Schuhe an. Bringt das Mastkalb her, und schlachtet es; wir wollen essen und fröhlich sein. Denn mein Sohn war tot und lebt wieder; er war verloren und ist wiedergefunden worden. Und sie begannen, ein fröhliches Fest zu feiern.

Lk 15,11-24

Ich lese die Schriftstelle aufmerksam durch. Sie erzählt gleichnishaft davon, wie Gott mit verlorenen Menschen und ihren verlorenen Gütern und verschleuderten Begabungen umgeht, mit Menschen, die weggegangen sind und Gott aus ihrem Blick verloren haben.
Wo entdecke ich den/die jüngere/n Sohn/Tochter in mir? ...
Jetzt lasse ich die einzelnen Bilder, in denen das *Tun des Vaters* geschildert wird, in mir lebendig werden und verweile bei jedem für einige Zeit:

- ❐ Der Vater lässt dem Sohn die Freiheit, wohl ausgestattet zu gehen.
- ❐ Als der völlig Verarmte zurück zum Vater will, sieht dieser ihn schon von weitem kommen.
- ❐ Der Vater hat Mitleid mit dem Verlorenen.
- ❐ Der Vater läuft dem Sohn entgegen.
- ❐ Der Vater umarmt und küsst ihn.
- ❐ Der Vater stattet den Sohn mit allem, was dieser verloren hat, wieder neu aus.
- ❐ Ein Freudenfest wird gefeiert.

Ich nehme *wahr*, dass Gott so an mir handeln will ...
– was das in mir bewegt ...
Es ist mir zugesagt, dass Gott immer so an mir handeln wird.

Abschluss

Zurückschauen

3. Tag: Die Liebe des Vaters gibt immer ganz

Ich setze einen bewussten Anfang

Anfangsgebet

Wahrnehmungsübung zum Stillwerden

Meditationsimpuls

Sein älterer Sohn war unterdessen auf dem Feld. Als er heimging und in die Nähe des Hauses kam, hörte er Musik und Tanz. Da rief er einen der Knechte und fragte, was das bedeuten solle. Der Knecht antwortete: Dein Bruder ist gekommen, und dein Vater hat das Mastkalb schlachten lassen, weil er ihn heil und gesund wiederbekommen hat. Da wurde er zornig und wollte nicht hineingehen. Sein Vater aber kam heraus und redete ihm gut zu. Doch er erwiderte dem Vater: So viele Jahre schon diene ich dir, und nie habe ich gegen deinen Willen gehandelt; mir aber hast du nie auch nur einen Ziegenbock geschenkt, damit ich mit meinen Freunden ein Fest feiern konnte. Kaum aber ist der hier gekommen, dein Sohn, der dein Vermögen mit Dirnen durchgebracht hat, da hast du für ihn das Mastkalb geschlachtet. Der Vater antwortete ihm: Mein Kind, du bist immer bei mir, und alles, was mein ist, ist auch dein. Aber jetzt müssen wir uns doch freuen und ein Fest feiern; denn dein Bruder war tot und lebt wieder; er war verloren und ist wiedergefunden worden.

Lk 15,25-32

Ich lese die Stelle langsam und aufmerksam durch.

Auch sie erzählt gleichnishaft davon, wie Gott mit einem verlorenen Menschen umgeht. Dieser Sohn hat sich trotz augenscheinlicher Nähe zum Vater weit von ihm entfernt.
Deshalb kann er nicht mehr wahrnehmen, dass ihm alles vom Vater zukommt. In der Angst, zu kurz zu kommen beginnt er zu vergleichen und seinen Bruder zu verurteilen.
Wo entdecke ich den älteren Sohn/die ältere Tochter in mir? ...

Jetzt lasse ich die einzelnen Bilder, in denen das *Tun des Vaters* geschildert wird, in mir lebendig werden und verweile bei jedem für einige Zeit:

- Der Vater geht hinaus zum verbitterten Sohn.
- Der Vater will auch diesen Sohn zurückgewinnen und redet ihm gut zu.
- Der Vater wirbt um Verständnis, dass er jedes seiner Kinder auf jeweils eigene Weise liebt.

Ich nehme wahr, dass – Gott so an mir handeln will ...
– was das in mir bewegt ...
Auch in mein Vergleichen und Verurteilen spricht Gott: »Mein Kind, du bist immer bei mir und alles, was mein ist, ist auch dein.«

Abschluss

Zurückschauen

Bildmeditation – Jesaja 53,4-7

Er hat unsere Krankheit getragen und unsere Schmerzen auf sich geladen.
Wir meinten, er sei von Gott geschlagen, von ihm getroffen und gebeugt.
Doch er wurde durchbohrt wegen unserer Verbrechen,
wegen unserer Sünden zermalmt. Zu unserem Heil lag die Strafe auf ihm,
durch seine Wunden sind wir geheilt. Wir hatten uns alle verirrt wie Schafe,
jeder ging für sich seinen Weg. Doch der Herr lud auf ihn die Schuld
von uns allen. Er wurde misshandelt und niedergedrückt,
aber er tat seinen Mund nicht auf. Wie ein Lamm,
das man zum Schlachten führt, und wie ein Schaf angesichts seiner Scherer,
so tat auch er seinen Mund nicht auf.

Haupt Christi (um 1937) von Georges Rouault (1871-1958)
Öl auf Papier, Cleveland Museum of Art, © SPADEM

4. Tag: Berührung, die heilt

Ich setze einen bewussten Anfang

Anfangsgebet

Wahrnehmungsübung zum Stillwerden

Meditationsimpuls

Und eine Frau – die hatte Blutfluss schon zwölf Jahre; viel hatte sie gelitten von vielen Ärzten, und aufgebraucht hatte sie ihren ganzen Besitz, doch nichts hatte es ihr genützt, sondern eher noch schlimmer war es mit ihr gekommen. Wie sie von Jesus hörte, kam sie in die Volksmenge und berührte von hinten sein Gewand. Denn sie hatte sich gesagt: Wenn ich auch nur seine Gewänder berühre, werde ich gerettet sein. Und gleich ward getrocknet der Quell ihres Blutes, und sie spürte es körperlich, dass sie von der Geißel geheilt war. Und gleich spürt Jesus innerlich, dass aus ihm die Kraft herausgegangen ist; er wandte sich in der Volksmenge um und sagte: Wer hat meine Gewänder berührt? Da sagten ihm die Jünger: Du siehst, wie die Volksmenge dich umdrängt, und da sagst du: Wer hat mich berührt? Doch er blickte um sich her, um die zu sehen, die das getan hatte. Die Frau aber, erschrocken, zitternd, da sie wusste, was ihr geschehen, kam und fiel vor ihm nieder und sagte ihm die ganze Wahrheit. Er aber sagte ihr: Tochter, dein Vertrauen hat dich gerettet. Geh hin in Frieden und sei gesund, ohne deine Geißel.

Lk 8,43-48

Das langsame, wiederholte Lesen des Textes hilft, von seiner Oberfläche, vom Verstand weg in tiefere Schichten einzudringen.
Beim Verharren und »Wiederkäuen« einzelner Sätze oder Worte kann zwischen den Zeilen mein Leben zum Vorschein kommen. Ich schaue auf die Frau. Zwölf Jahre leidet sie schon, eigentlich ihr ganzes Leben lang. Von einem Arzt zum anderen ist sie gelaufen mit ihrem Leiden, ihr ganzes Vermögen hat sie dabei aufgebraucht – vergebens.
Jetzt ist sie ausgeblutet, erschöpft, ihre Lebenskraft und -zeit ist ihr unter den Fingern zerronnen.

Eines bleibt ihr noch. Sie hatte sich gesagt: »Wenn ich auch nur seine Gewänder berühre ...«

Sie konzentriert sich auf diese Berührung, heimlich, von hinten her erhofft sie sich, Heilung zu holen.

Ich schaue, was mich anspricht, anrührt bei dieser Geschichte.
Ich kann mich jetzt mittragen lassen vom Glauben der Frau: Wenn ich auch nur seine Gewänder berühre, werde ich gerettet sein! Ich kann mich jetzt auf meine Weise zu Jesus hin ausstrecken und dabei verweilen.

Abschluss

Zurückschauen

5. Tag: Meine Wahrheit zu Jesus bringen

Ich setze einen bewussten Anfang

Anfangsgebet

Wahrnehmungsübung zum Stillwerden

Meditationsimpuls

Und eine Frau – die hatte Blutfluss schon zwölf Jahre; viel hatte sie gelitten von vielen Ärzten, und aufgebraucht hatte sie ihren ganzen Besitz, doch nichts hatte es ihr genützt, sondern eher noch schlimmer war es mit ihr gekommen. Wie sie von Jesus hörte, kam sie in die Volksmenge und berührte von hinten sein Gewand. Denn sie hatte sich gesagt: Wenn ich auch nur seine Gewänder berühre, werde ich gerettet sein. Und gleich ward getrocknet der Quell ihres Blutes, und sie spürte es körperlich, dass sie von der Geißel geheilt war. Und gleich spürt Jesus innerlich, dass aus ihm die Kraft herausgegangen ist; er wandte sich in der Volksmenge um und sagte: Wer hat meine Gewänder berührt? Da sagten ihm die Jünger: Du siehst, wie die Volksmenge dich umdrängt, und da sagst du: Wer hat mich berührt? Doch er blickte um sich her, um die zu sehen, die das getan hatte. Die Frau aber, erschrocken, zitternd, da sie wusste, was ihr geschehen, kam und fiel vor ihm nieder, und sagte ihm die ganze Wahrheit. Er aber sagte ihr: Tochter, dein Vertrauen hat dich gerettet. Geh hin in Frieden und sei gesund, ohne deine Geißel.

Lk 8,43-48

Ich wende mich nochmals der Begegnung zwischen Jesus und der blutflüssigen Frau zu und schaue, was mir von der ersten Betrachtung her wichtig ist.
Ich schaue dann auf Jesus: Er spürt die Berührung, und dass eine Kraft von ihm ausgegangen ist, und er sucht die Begegnung: »Er blickte um sich her, um die zu sehen, die das getan hatte.«

Da kommt die Frau, und im Wissen, dass sie schon geheilt ist, sagt sie Jesus »die ganze Wahrheit«. Alles kann sie ausbreiten vor Ihm.

Auch ich kann jetzt vor Jesus meine Wahrheit hinbringen, was mich belastet, woran ich leide, was mir zu schaffen macht. Alles darf da sein vor ihm. »Dein Vertrauen hat dich gerettet.«

Abschluss

Zurückschauen

6. Tag: Ich schaue auf den leidenden Christus

Ich setze einen bewussten Anfang

Anfangsgebet

Wahrnehmungsübung zum Stillwerden

Meditationsimpuls

Ich schaue das Bild des leidenden Jesus von Georges Rouault zw. S. 112/113 an.

Ich nehme wahr, welche Gedanken, Gefühle mir dazu kommen.

Manches, was mir zum Leiden Jesu gesagt wurde, hilft mir, anderes weckt vielleicht meinen Widerstand.

Es geht darum, auf Ihn zu schauen, in ein (inneres) Zwiegespräch mit Jesus zu kommen. Alles, was mich dabei bewegt, darf da sein.

Abschluss

Zurückschauen

7. Tag: Rückblick auf die dritte Woche

Ich setze einen bewussten Anfang

Anfangsgebet

Wahrnehmungsübung zum Stillwerden

Meditationsimpuls

Ich schaue zurück auf die dritte Woche dieser Exerzitien:

❐ Wie ist es mir ergangen, was habe ich erlebt – in den Gebetszeiten, beim Tagesrückblick, in meinem täglichen Leben –, woran erinnere ich mich?
❐ Was bewegt und berührt mich jetzt?
  Wo spüre ich, dass ich weiter-, tiefergehen möchte, was zieht mich an?
❐ Ich verweile bei dem, was jetzt wichtig ist für mich, und bringe es ins Gespräch, in die Beziehung mit Gott.

Abschluss

Zurückschauen

Begleittreffen zur Fastenzeit nach der 3. Woche

1
Begrüßung

2.
Beten oder Singen

Atme mich du Geist in meiner Seele

Atme mich du Geist in meiner Seele

Atme mich du Geist in meiner Seele

3.
Praktisches Üben einer Tagesbesinnung

Wahrnehmungsübung und Atemgebet

Bitten Sie die Teilnehmer für diese Übung alles aus ihren Händen zu legen (Taschen, Unterlagen) und die Augen zu schließen.
Bitte langsam lesen und selbst hinspüren. Lassen Sie dieses Atemgebet durch vorheriges Üben zu Ihrem eigenen werden und die Gruppe daran teilnehmen.

Ich sitze auf einem Stuhl.
Ich nehme wahr, wie ich jetzt da bin. – Meine Gedanken – meine Gefühle –
Ich spüre wie meine Fußsohlen den Boden berühren.
Ich spüre zu meiner Sitzfläche hin, richte mich vom Becken her auf.
Meine Wirbelsäule ist gerade.
Mein Scheitelpunkt zeigt nach oben.

Begleittreffen zur Fastenzeit nach der 3. Woche

Ich lege meine Hände auf meinen Unterbauch.
Ich sammle mich in meiner Leibmitte, da, wo meine Hände liegen.
Ich spüre wie sich meine Bauchecke beim Einatmen wölbt
und beim Ausatmen wieder senkt. Ich lasse den Atem frei fließen.
Ich bin mit meiner ganzen Aufmerksamkeit in dieser Atembewegung.
Stille ca. 5 Min.

Ich bete innerlich mit meinem Atem und der Anrufung Jesu:
(oder mit einem anderen Gebetswort z.B. Du, Ja ...)
Beim Einatmen bete ich »Je«
und beim Ausatmen »sus«.
Oder beim Einatmen »Jesus«
beim Ausatmen »erbarme dich meiner«,
immer wieder in meinem Atemrhythmus.

Wenn sich Zerstreuungen einstellen, kehre ich wieder zurück zu meinem Gebetswort.
Stille

Ich öffne meine Augen, atme tief durch und bewege mich.

4.
Austausch in Kleingruppen (siehe auch S. 44f.)

a) Austausch über die praktische Übung

Wie ist es mir jetzt damit gegangen?

b) Rückblick auf die vergangene Woche

Ich erinnere mich an die Betrachtungsthemen der letzten Woche:
Heil werden im Vertrauen auf Gott –

Begleittreffen zur Fastenzeit nach der 3. Woche

Ich gebe euch ein neues Herz –
Die Liebe des Vaters kommt mir entgegen –
Die Liebe des Vaters gibt immer ganz –
Berührung, die heilt –
Meine Wahrheit zu Jesus bringen –
Bildbetrachtung: Mein Schauen auf den leidenden Christus –

5.
Plenumsgespräch

6.
Ausblick auf die kommende Woche

In der letzten Woche der Exerzitien in der Fastenzeit geht es um die vertrauensvolle Hinwendung an Gott, meine Bereitschaft auf ihn zu hören, mein Verhalten gegenüber meinen Mitmenschen, meine Schätze im Alltag zu sehen und mit ihnen zu leben.

1. Tag:
Ich darf mich anschauen lassen von Gott, unverhüllt. Wenn ich mich öffne, wird Er mich wandeln in sein Bild.

2. Tag:
Weg ins Leben: Netze loslassen, mit denen ich tagtäglich Leben einholen will und Ihm folgen!

3. Tag:
Jesus prangert Machtmissbrauch und Unterdrückung an. Groß sein im Sinne Jesu bedeutet: Dem Leben Raum geben, es fördern und mehren.

4. Tag:
Nicht Größe und Leistung ist bei Gott entscheidend, sondern die Eigenschaften eines Kindes, des göttlichen Kindes in meiner Mitte bringen mich einem Leben in Fülle näher.

Begleittreffen zur Fastenzeit nach der 3. Woche

5. Tag:
Den Schatz im Acker finden und ausgraben, Lebensaugenblicke der Liebe und Freude entdecken und mit ihrer Kraft leben – dazu möchte die Betrachtung dieses Tages anregen.

6. Tag:
Bildmeditation: Maria und Marta als Symbol der Exerzitien im Alltag.

7. Tag:
Rückblick und Ausblick sind Thema dieses Tages.

7.
Abschluss und Segensgebet

Der Herr segne und behüte uns,
er lasse sein Angesicht über uns leuchten
und sei uns gnädig.

Halten Sie Ihre Erfahrung einmal in ein paar kurzen Notizen fest.

4. Woche – Geborgen und beschenkt weitergehen

In der letzten Woche der Exerzitien geht es um die vertrauensvolle Hinwendung an Gott, meine Bereitschaft auf ihn zu hören, mein Verhalten gegenüber meinen Mitmenschen, meine Schätze im Alltag zu sehen und mit ihnen zu leben.

1. Tag: Leg mein Gesicht frei

Ich setze einen bewussten Anfang

Anfangsgebet

Wahrnehmungsübung zum Stillwerden

Meditationsimpuls

Wir alle aber, die wir unverhüllten Angesichts die Herrlichkeit des Herrn widerspiegeln: Wir werden in dasselbe Bild gewandelt – von Herrlichkeit zu Herrlichkeit – und zwar vom Herrn, der Geist ist.

2 Kor 3,18

Hier wird mir gesagt:
Mit unverhülltem Gesicht spiegle ich die Herrlichkeit des Herrn.
Er wird mich wandeln in dieses Bild.

Ich höre die Verheißung, spüre, was sie in mir auslöst.
Möchte ich, dass mein Gesicht »unverhüllt« gesehen wird?

In einem Lied heißt es:
»Leg mein Gesicht frei, mach mich schön.
Wer mich entlarvt hat, wird mich finden. Ich hab Gesichter, mehr als zwei,

Augen, die tasten vor im Blinden, Herzen die fast vor Angst vergehn.
Leg mein Gesicht frei, mach mich schön.
Wer sich entlarvt sieht, wird gefunden und wird ganz neu sich selbst verstehn,
wird leben offen, unumwunden und nirgends hin verloren gehn.
Leg mein Gesicht frei, mach mich schön.«

Huub Oosterhuis

Wo fühle ich mich angesprochen, »gesehen«, »entdeckt«?
Ich darf Ihm vertrauensvoll mein Gesicht zuwenden, mich anschauen lassen.
Er gibt mir Ansehen und will mich in seine Herrlichkeit wandeln.

Abschluss

Zurückschauen

2. Tag: Von meinen Netzen weggerufen

Ich setze einen bewussten Anfang

Anfangsgebet

Wahrnehmungsübung zum Stillwerden

Meditationsimpuls

Als er weiterging, sah er zwei andere Brüder, Jakobus, den Sohn des Zebedäus, und seinen Bruder Johannes; sie waren mit ihrem Vater Zebedäus im Boot und richteten ihre Netze her. Er rief sie, und sogleich verließen sie das Boot und ihren Vater und folgten Jesus.

Mt 4,21

Ich lese den Text aufmerksam, am besten laut, und lasse dann die Szene in mir lebendig werden. Ich sehe die Männer im Boot bei ihrer Arbeit. Sie hören den Anruf von Jesus. Sie steigen aus dem Boot und folgen Jesus auf seinem Weg.

Sie richteten ihre Netze her

- ❏ Ich schaue meinen Alltag an ... meine Arbeit ... meine Beziehungen ... die Ereignisse des heutigen oder des vergangenen Tages. Woran erinnere ich mich? Wie/Womit versuche ich in meinem Alltag »Leben einzufangen«?
- ❏ Was hindert mich tagsüber, mitten in meinem Alltag in der Nachfolge Jesu zu sein?

>   Mein Kreisen um mich selber ...
>   meine Sorgen und Pläne ...
>   meine Rechthaberei ...
>   meine Unaufmerksamkeit ...
>   (Ich kann all das auf einen Zettel schreiben.)

Er rief sie

- ❏ Ich lasse das, was mich hindert, jetzt liegen wie die Fischer ihre Netze und nehme wahr, dass Jesus mich anschaut und anruft.
(Ich kann das, was ich aufgeschrieben habe bewusst weglegen)

Sogleich verließen sie das Boot und ihren Vater und folgten Jesus

- ❏ Ich bitte Jesus darum, dass er mir in meinem Alltag nahe ist und mich befreit zu einem Leben mit Ihm.

Während des Tages kann ich immer wieder üben, das loszulassen, was mich hindert.

Abschluss

Zurückschauen

3. Tag: Fördern, Raum geben, groß sein lassen

Ich setze einen bewussten Anfang

Anfangsgebet

Wahrnehmungsübung zum Stillwerden

Meditationsimpuls

Da rief Jesus sie zu sich und sagte: Ihr wisst, dass die, die als Herrscher gelten, ihre Völker unterdrücken und die Mächtigen ihre Macht über die Menschen missbrauchen. Bei euch aber soll es nicht so sein, sondern wer bei euch groß sein will, der soll euer Diener sein und wer bei euch der Erste sein will, soll der Sklave aller sein.

Mk 10,42-44

Ich lese den Text langsam und aufmerksam durch.

Hier wird gesagt, wie sich das Miteinander unter Menschen, die auf Jesus blicken, ordnen soll.
Von ihm kommt die Kraft, zu fördern, Raum zu geben und groß sein zu lassen. In welchen Beziehungen möchte und kann ich das, und in welchen nicht, oder nur bedingt?

Ich stelle mir einen Menschen vor, mit dem ich nur schwer umgehen kann. Ich spüre nach, was es mit mir macht, wenn ich innerlich gegenüber diesem Menschen in die Haltung des Förderns, Mehrens, Großseinlassens gehe.

Ich bitte Gott durch Jesus um seine Nähe und Hilfe.

Abschluss

Zurückschauen

4. Tag: Das Kind in meiner Mitte

Ich setze einen bewussten Anfang

Anfangsgebet

Wahrnehmungsübung zum Stillwerden

Meditationsimpuls

In jener Stunde kamen die Jünger zu Jesus und sagten: Wer ist denn der Größte im Königtum der Himmel? Da rief er ein Kind herbei, stellte es in ihre Mitte und sprach: Wahr ist's, ich sage euch: Wenn ihr euch nicht umwendet und wie die Kinder werdet, kommt ihr nimmermehr in das Königtum der Himmel hinein. Wer also niedrig sich macht wie dieses Kind, der ist der Größte im Königtum der Himmel. Und wer ein Kind, eins wie dieses, auf meinen Namen hin aufnimmt – mich nimmt er auf.

Mt 18,1-5

Die Frage »Wer ist der Größte« begegnet mir oft, ich vergleiche oder werde verglichen ...

Jesus sagt mir: Wenn es um das Reich Gottes geht, spielt diese Frage keine Rolle, ich darf – und muss – mich »umwenden«.

Werden wie ein Kind, ein Kind aufnehmen kann heißen:

- ❐ So offen, aufschauend, vertrauensvoll, geradlinig ...
  mich zu Jesus hinwenden.
- ❐ So wie ich als Kind war, mit meiner Freude und Begeisterung, aber auch mit meiner Not und Bedürftigkeit zu Jesus kommen.
- ❐ Diese Haltungen kann ich in den Beziehungen meines Alltags üben ...

Abschluss

Zurückschauen

5. Tag: Meine Schätze entdecken – mit meinen Schätzen leben

Ich setze einen bewussten Anfang

Anfangsgebet

Wahrnehmungsübung zum Stillwerden

Meditationsimpuls

Mit dem Himmelreich ist es wie mit einem Schatz, der in einem Acker vergraben war. Ein Mann entdeckte ihn, grub ihn aber wieder ein. Und in seiner Freude verkaufte er alles, was er besaß, und kaufte den Acker.

Mt 13,44

»Jeder von uns trägt in seinem Herzen ein Album herrlicher Bilder aus seiner Vergangenheit, Erinnerungen an frohe Ereignisse. Bitte öffne dieses Album einmal, und erinnere dich an so viele Ereignisse wie möglich. Wenn du diese Übung noch nie zuvor gemacht hast, wirst du wahrscheinlich nicht viele solcher Ereignisse finden. Doch allmählich wirst du immer mehr entdecken, die bisher in deiner Vergangenheit begraben lagen, und du wirst sie gern ausgraben und in der Gegenwart Gottes neu durchleben. Du wirst sogar erleben, wenn du neue beglückende Erfahrungen machst, dass du ihre Erinnerungen nun viel mehr schätzt und sie nicht in die Vergessenheit sinken lassen willst. So trägst du in dir einen großen Schatz, in den du jederzeit eintauchen kannst, um deinem Leben mehr Freude und Kraft zu geben.«

A. de Mello, Meditieren mit Leib und Seele S. 91f.

Schätze entdecken – mit Schätzen leben:

Ich versuche mich an einen Lebensaugenblick zu erinnern,

in dem ich mich tief geliebt wusste –

Bildmeditation zu Lk 10,38-42

Jesus sitzt entspannt, fast lässig in einem Sessel.
Zu seinen Füßen hockt im Vordergrund Maria – nachdenklich lauschend,
mit leeren Händen, offenen Auges, ganz Ohr. Sie sitzt unten, von hinten beleuchtet, das Gesicht im Schatten. Ihre Gestalt bildet die Basis des Bildes.
Die Hausherrin Marta tritt gerade aus dem Bildhintergrund nach vorn,
um den Brotkorb auf das schneeweiße Tischtuch zu stellen. Sie steht oben.
Sie hat die Ärmel aufgekrempelt. Sie ist fast ganz ins Licht getaucht.
Ihre Geschäftigkeit wird von Jesus mit einer Kopfbewegung angehalten.
Die Jesusgestalt ist auf Maria hingeordnet wie ein Erzähler auf seinen Zuhörer.
Zusätzlich weist Jesus mit großer Gebärde auf die Hörende hin.
Nur den Kopf hat er gedreht: So redet er Marta an. Sie hält inne,
schlägt die Augen nieder, ist betroffen.
Das Bild weist darauf hin, dass Christus auch in der häuslichen Alltagswelt,
auch mitten im »Privatbereich« des Christen gegenwärtig sein will.
Es lädt ein, sich in Maria, die still zuhörende Gestalt im Vordergrund,
zu versetzen.

Ölgemälde von Jan Vermeer van Delft, 1655
Edinburgh, National Galleries of Scotland
(nach: Schulbibel, a.a.O., S. 241)

wo ich große Freude empfunden habe ...

Ich verweile bei diesem Augenblick und spüre die Liebe und Freude, die ich damals empfunden habe.
Wozu bewegen mich die Freude und Kraft dieser Entdeckungen im Alltag?

Abschluss

Zurückschauen

6. Tag: Maria und Marta als Symbol der Exerzitien im Alltag

Ich setze einen bewussten Anfang

Anfangsgebet

Wahrnehmungsübung zum Stillwerden

Meditationsimpuls

Ich schaue das Bild mit Jesus, Maria und Marta an, nachdem ich u.U. auch den Text auf der Rückseite gelesen habe.

Ich nehme wahr, welche Gedanken, Gefühle mir dazu kommen.
Mit wem kann ich mich mehr identifizieren – mit der kontemplativen Maria oder mit der das Brot bringenden Marta?
Wie finde ich in mir eine Art Integration von beiden: Für »Exerzitien« scheint mehr Maria, für den »Allltag« eher Marta zu stehen.
Kann ich Jesus meine Befindlichkeit in einem Zwiegespräch schildern?

Abschluss

Zurückschauen

7. Tag: Rückblick und Ausblick

Ich setze einen bewussten Anfang

Anfangsgebet

Wahrnehmungsübung zum Stillwerden

Meditationsimpuls

Ich schaue zurück auf den bisherigen Weg dieser Exerzitien:

Welche Schätze habe ich gefunden?

Solche können sein:

- ❒ Zeiten, die mir gehören, in denen ich einfach da sein darf
- ❒ Auf meine leibliche Befindlichkeit zu schauen und sie wahr- und ernst nehmen
- ❒ Verschiedene neue Gebetsweisen
- ❒ Im Tagesrückblick sehen zu können, was mir heute zugekommen ist
- ❒ Mir die Augen dafür öffnen zu lassen, dass Gott es gut mit mir meint
- ❒ Mir immer wieder zu vergegenwärtigen, dass Gott mein Leben mit mir teilen möchte.

Für das Weitergehen ist es gut, *eines* auszuwählen, was mir jetzt besonders hilfreich und wichtig erscheint, von dem ich meine, dass ich es im Alltag am ehesten beibehalten kann.

»Eines ist notwendig«, sagt Jesus zu Marta, der Schwester Marias, und das kann auch heißen: Es kommt darauf an, das Eine zu tun, was ich jetzt als notwendig erfahren habe, und mich nicht im Vielen zu verlieren.

Abschluss

Zurückschauen

Passion und Ostern

Begleittreffen zu Passion und Ostern

1.
Begrüßung

2.
Beten oder Singen

GL 183 »Wer leben will wie Gott auf dieser Erde, muss sterben wie ein Weizenkorn, muss sterben, um zu leben«; Text, s. gegenüber S. 185.

3.
Übung zum Stillwerden und Bildmeditation

Franziskuskreuz, s. zw. S. 184/185.
Das Treffen möchte Sie einstimmen in die Betrachtung und Feier der Kar- und Ostertage. Im Zentrum steht Christus, der von sich sagt: »Wenn das Weizenkorn nicht in die Erde fällt und stirbt, bleibt es allein, wenn es aber stirbt, bringt es reiche Frucht.« (Joh 12,24)

Ich nehme wahr, wie ich jetzt da bin. – Meine Gedanken – meine Gefühle –
Ich spüre mich auf dem Stuhl, auf dem ich sitze.
Ich spüre meine Füße auf dem Boden.
Ich spüre zu meiner Sitzfläche hin, richte mich vom Becken her auf.
Meine Wirbelsäule ist gerade.
Meine Hände liegen auf den Oberschenkeln oder ruhen im Schoß.

Begleittreffen zu Passion und Ostern

Meine Scheitelhöhe zeigt nach oben.
Ich fühle mich getragen vom Stuhl und vom Boden.
Ich spüre meinen Atem, wie er kommt und geht und lasse mit jedem Ausatmen mehr los.
Ich bleibe ganz aufmerksam in meiner Atembewegung.

Ich nehme wahr, was auf dem Bild dargestellt ist: die Gestalten, die Farben, die Ornamente ...
Ich muss nichts interpretieren, beurteilen, verstehen, ich verweile nur im Schauen.
Ich wende meinen Blick dorthin, wo ich mich jetzt am meisten hingezogen fühle.
Ich kann in ein »Zwiegespräch« mit einer Gestalt dieser Kreuzesdarstellung kommen.
Ich wende mich schließlich zu Jesus hin, schaue Ihn an und lasse mich anschauen.

Ich beende die Meditation durch eine leichte Bewegung der Hände und durch eine Verneigung.

4.
Austausch in Kleingruppen

Wie ist es mir jetzt ergangen, was möchte ich den anderen davon mitteilen?
Machen Sie bitte einen Rückblick auf die vergangene Woche – wie in den bisherigen Exerzitienwochen bereits eingeübt, vgl. S. 118/120.
Was bewegt mich im Hinblick auf die kommenden Kar- und Ostertage?

5.
Austausch im Plenum

6.
Ausblick auf die kommende Woche

Die Betrachtungen orientieren sich an den Texten der Liturgie für die Kar- und Ostertage. Sie sind eingeladen, auf Jesus zu schauen, mit ihm zu gehen und Ihr eigenes Leben mit hineinzunehmen in den Weg durch diese Woche.

Begleittreffen zu Passion und Ostern

Palmsonntag:
Ich schaue auf Jesus, der in Jerusalem einzieht.

Montag:
Die Frau, die Jesus in Betanien mit kostbarem Öl überschüttet, zeigt uns, was Hinwendung aus ganzem Herzen meint.

Dienstag:
Das Gottesknechtslied aus dem Propheten Jesaja konfrontiert uns mit der Wirklichkeit des Leidens.

Mittwoch:
Das Abendmahl Jesu war ein Pascha-Mahl. Es ist ein Mahl des Aufbruchs und der Hoffnung.

Gründonnerstag:
Die Feier dieses Tages zeigt uns, wie nahe Gemeinschaft, Hingabe und Todesangst beieinander liegen können.

Karfreitag:
Viele Menschen sind um Jesus herum, und doch ist er verlassen bis zum verzweifelten Aufschrei am Kreuz. So wie es mir möglich ist, wende ich mich zu Jesus hin.
Das Bild von der Frau, die Brotteig knetet, nimmt das Wort Jesu vom Weizenkorn auf.

Karsamstag:
Es ist der Tag der Grabesruhe und der tiefen Trauer.

Ostersonntag:
Maria Magdalena sucht den toten Jesus und begegnet dem Lebenden.
Wer die Liturgie der Osternacht mitgefeiert hat, ist eingeladen, das Zeichen von

Begleittreffen zu Passion und Ostern

Christus als dem Licht, das die Nacht des Todes besiegt, in einem meditativen Osterspaziergang nachklingen zu lassen.

Ostermontag:
Den Jüngern auf dem Weg nach Emmaus begegnet Christus. Wie sie können wir Jesus einladen: »Herr bleibe bei uns!«

7.
Abschluss und Segen

Jesus Christus, wir bitten dich, begleite uns auf dem Weg durch diese Woche, schau auf uns und laß uns deiner Güte trauen, auch wenn wir wie die Jünger versucht sind fortzulaufen. Du lebst und willst uns nahe sei. Wir bitten dich um deinen Segen. Amen.

Vorbemerkung zu folgenden Übungsvorlagen: Die Betrachtungen der Kar- und Ostertage wollen den Übenden mit hineinnehmen in das Geschehen der Passion und der Auferstehung. Es ist wichtig, sich darüber im Voraus klarzuwerden. Dabei geht es nicht darum, Betroffenheit zu »erzeugen« oder sich einzureden, sondern sich zu öffnen und das Passionsgeschehen an sich heranzulassen, im Vertrauen auf das Wort Jesu: »Wenn das Weizenkorn nicht in die Erde fällt und stirbt, bleibt es allein; wenn es aber stirbt, bringt es reiche Frucht.«

Halten Sie Ihre Erfahrung einmal in ein paar kurzen Notizen fest.

Palmsonntag: Jesus zieht in Jerusalem ein

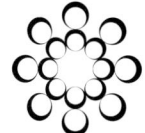

Ich setze einen bewussten Anfang

Anfangsgebet

Wahrnehmungsübung zum Stillwerden

Meditationsimpuls

Am Tag darauf hörte die Volksmenge, die sich zum Fest eingefunden hatte, Jesus komme nach Jerusalem. Da nahmen sie Palmzweige, zogen hinaus, um ihn zu empfangen, und riefen: Hosanna! Gesegnet sei er, der kommt im Namen des Herrn, der König Israels! Jesus fand einen jungen Esel und setzte sich darauf – wie es in der Schrift heißt: Fürchte dich nicht, Tochter Zion! Siehe, dein König kommt; er sitzt auf dem Fohlen einer Eselin. Das alles verstanden seine Jünger zunächst nicht; als Jesus aber verherrlicht war, da wurde ihnen bewusst, dass es so über ihn in der Schrift stand und dass man so an ihm gehandelt hatte.

Joh 12,12-16

Jesus tut den entscheidenden Schritt: Er zieht hinauf nach Jerusalem, zur Feier des Pascha, das sich auch an ihm selbst vollziehen wird. Um uns aus der Sklaverei des Todes zu befreien, wird er gekreuzigt werden.
Jesus zieht als König ein, wie es beim Propheten Sacharja angekündigt ist:
»Juble laut, Tochter Zion! Jauchze, Tochter Jerusalem! Siehe, dein König kommt zu dir. Er ist gerecht und hilft; er ist demütig und reitet auf einem Esel, auf einem Fohlen, dem Jungen einer Eselin.«

Sach 9,9

Jesus lässt sich zujubeln und weiß oder ahnt doch, dass die Stimmung bald umschlagen wird.
Ich schaue auf Jesus, der in Jerusalem einzieht, und wende mich zu ihm hin, mit Lob und Jubel und auch mit bangen Vorahnungen.
Mit dem Schritt durch das Stadttor Jerusalems ist für Jesus die Entscheidung

gefallen. Ich kann meine eigene Entschiedenheit anschauen: Will ich mitgehen auf diesem Passionsweg?

Abschluss

Zurückschauen

Montag: Die Salbung in Betanien

Ich setze einen bewussten Anfang

Anfangsgebet

Wahrnehmungsübung zum Stillwerden

Meditationsimpuls

Als Jesus in Betanien im Haus Simons des Aussätzigen bei Tisch war, kam eine Frau mit einem Alabastergefäß voll echtem, kostbarem Nardenöl, zerbrach es und goß das Öl über sein Haar. Einige aber wurden unwillig und sagten zueinander: Wozu diese Verschwendung? Man hätte das Öl um mehr als dreihundert Denare verkaufen und das Geld den Armen geben können. Und sie machten der Frau heftige Vorwürfe. Jesus aber sagte: Hört auf! Warum lasst ihr sie nicht in Ruhe? Sie hat ein gutes Werk an mir getan. Denn die Armen habt ihr immer bei euch, und ihr könnt ihnen Gutes tun, so oft ihr wollt; mich aber habt ihr nicht immer. Sie hat getan, was sie konnte. Sie hat im Voraus meinen Leib für das Begräbnis gesalbt. Amen, ich sage euch: Überall auf der Welt, wo das Evangelium verkündet wird, wird man sich an sie erinnern und erzählen, was sie getan hat.

Mk 14, 3-9

Eine Frau kommt zu Jesus, und in einer überschwenglichen, verschwenderischen Geste überschüttet sie ihn mit kostbarem Nardenöl. »Einige aber wurden unwillig ...« heißt es. Sie glauben, Jesu Anliegen besonders gut begriffen zu haben. Lagen ihm die Armen nicht immer besonders am Herzen? Jesus aber weist sie zurück: »Hört auf! ... Sie hat im Voraus meinen Leib für das Begräbnis gesalbt.«

Bei der Betrachtung kann ich die Szene in mir lebendig werden lassen, mich zu der Frau hinwenden, schauen wie sie durch all die vielleicht fremden Menschen hindurch zu Jesus hingeht und das kostbare Öl über seinem Haupt ausgießt. Und ich kann wahrnehmen, wie Jesus sie gewähren lässt, ja, wie gut ihm diese zärtliche Geste offenbar tut.
Vielleicht kann ich auch die Stimme in mir wahrnehmen, die rechnet und berechnet, die meint, es besonders gut zu machen und dabei Jesus aus dem Blick verliert. »Wozu diese Verschwendung?« Für Jesus »zählt« die intensive Begegnung in der Gegenwart, nicht das was am meisten bringt, die fromme »Leistung«.

Ich kann mich selbst anschauen: Vielleicht weiche auch ich manchmal ins geschäftige Tun aus, statt in der Beziehung zu Jesus, zum Mitmenschen zu bleiben.

Abschluss

Zurückschauen

Dienstag: Gott, der Herr, hat mir das Ohr geöffnet.
Ich aber wehrte mich nicht und wich nicht zurück.

Ich setze einen bewussten Anfang

Anfangsgebet

Wahrnehmungsübung zum Stillwerden

Meditationsimpuls

Gott, der Herr, hat mir das Ohr geöffnet. Ich aber wehrte mich nicht und wich nicht zurück. Ich hielt meinen Rücken denen hin, die mich schlugen, und denen, die mir den Bart ausrissen, meine Wangen. Mein Gesicht verbarg ich nicht vor Schmähungen und Speichel. Doch Gott, der Herr, wird mir helfen; darum werde ich nicht in Schande enden. Deshalb mache ich mein Gesicht hart wie einen Kiesel; ich weiß, dass ich nicht in Schande gerate. Er, der mich freispricht, ist nahe.

Jes. 50,5 - 8a

Dieser Text stammt aus dem dritten Lied vom Gottesknecht des Propheten Jesaja. Wovon dort die Rede ist, hat auch Jesus erfahren, und es ist gut, in der Passionszeit auf diese Seite der Wirklichkeit zu schauen.
Niemand kann sich ehrlichen Herzens Leiden herbeiwünschen, auch die Jünger sind geflohen, und Jesus hat um das Vorübergehen der Passion gebetet. Aber da Leiden, Schmerz und Tod zum Leben und zur Liebe gehören, kann ich dem einen nicht ausweichen, ohne auch das andere zu verlieren.
Ich kann mich in der Betrachtungszeit dem Text aussetzen, hinschauen, was mich dabei bewegt, auf Jesus blicken, der im Leiden mitgeht. Und ich kann mich daran festhalten: »Er, der mich freispricht, ist nahe.«

Abschluss

Zurückschauen

Mittwoch: Das Paschamahl

Ich setze einen bewussten Anfang

Anfangsgebet

Wahrnehmungsübung zum Stillwerden

Meditationsimpuls

Auf folgende Weise sollt ihr das Lamm verzehren: eure Hüften gegürtet, Schuhe an den Füßen, den Stab in der Hand. Esst es hastig! Es ist Pascha, das heißt Vorübergang des Herrn.

Ex 12,11

Es liegt etwas Unheimliches über dieser Nacht des Paschamahles. Es ist die Nacht des großen Wehklagens in Ägypten, aber auch die Nacht der Befreiung und des Aufbruchs. Durch ihre ganze – auch schreckliche – Geschichte hindurch haben die Juden nicht aufgehört, dieses Mahl der Befreiung zu feiern. Jahwe ist der Retter, er ist stärker als alle Mächte der Welt.
Auch Jesus hat das Paschamahl gefeiert. Er selbst wird zum Lamm, das sein Leben hingibt. Und das Mahl wird zum Zeichen des Aufbruchs und der Hoffnung, dass wir unterwegs sind zum Reich Gottes.

Ich kann mich hineinnehmen lassen in diese Aufbruchbewegung, mir bewusst werden, dass ich mit anderen zusammen unterwegs bin, bis Christus wiederkommt.

Abschluss

Zurückschauen

Gründonnerstag: Abendmahl

Ich setze einen bewussten Anfang

Anfangsgebet

Wahrnehmungsübung zum Stillwerden

Meditationsimpuls

Während des Mahls nahm Jesus das Brot und sprach den Lobpreis; dann brach er das Brot, reichte es den Jüngern und sagte: Nehmt und esst; das ist mein Leib. Dann nahm er den Kelch, sprach das Dankgebet und reichte ihn den Jüngern mit den Worten: Trinkt alle daraus; das ist mein Blut, das Blut des Bundes, das für viele vergossen wird zur Vergebung der Sünden.

Mt 26, 26-28

Ich lasse die einzelnen Teile dieses so oft gehörten Textes auf mich wirken.

Lobpreisen:
Jesus preist Gott für die Gabe des Brotes.
Ich bin eingeladen, in den Lobpreis Jesu an den Vater einzustimmen, für all das, was mir gegeben ist.

Brechen:
Jesus bricht, teilt das Brot auf:
Ich bin immer wieder eingeladen, das zu teilen, was mich nährt.

Reichen:
Jesus reicht mir die »Nahrung«, die ich brauche. Jesus ist Nahrung für mich durch sein Wort, seine Liebe, seine Gegenwart.

Auffordern zu nehmen:
Jesus fordert auf zu nehmen.
Jesus fordert mich auf, ihn aufzunehmen, mich von ihm nähren zu lassen.

Auffordern zu essen:
Jesus fordert auf zu essen.
Jesus will mir ganz innerlich werden, mich erfüllen durch seine Liebe.

Mit dem Satz, der mich heute am meisten anspricht, gehe ich in die Stille.

▶ Alternative:
Angst/Nacht

Da ergriff ihn Angst und Traurigkeit, und er sagte zu ihnen: Meine Seele ist zu Tode betrübt. Bleibt hier und wacht mit mir! Und er ging ein Stück weiter, warf sich zu Boden und betete: Mein Vater, wenn es möglich ist, gehe dieser Kelch an mir vorüber. Aber nicht wie ich will, sondern wie du willst.

Mt 26,37-39

Ich schaue auf Jesus, was er tut, als er sich verraten und kurz vor einem qualvollen Tod weiß: Er trennt sich von allen Jüngern und spricht mit dem Vater. Zu Boden geworfen bringt er vor ihn seine Angst, seine Traurigkeit.
Gehe ich zum Vater, wenn ich in Not bin?
Wage ich es, mit aller meiner Not, mit all meinem Elend vor den Vater zu gehen?
Immer bin auch ich eingeladen zum Vater zu gehen, in aller Angst und Traurigkeit, und alle Not meiner Seele vor ihn zu bringen.
Im Blick auf den zu Boden geworfenen Jesus bringe ich jetzt vor Gott, was mein Leben schwer macht, mich bedrängt, mich nicht leben lässt.

Abschluss

Zurückschauen

Karfreitag: Bei Jesus, beim Leid bleiben

Ich setze einen bewussten Anfang

Anfangsgebet

Wahrnehmungsübung zum Stillwerden

Meditationsimpuls

Bei dem Kreuz Jesu standen seine Mutter und die Schwester seiner Mutter, Maria, die Frau des Klopas, und Maria von Magdala.

Joh 19,25.

Die Liebe bleibt beim Leidenden.
Ich schaue auf den leidenden Christus.
Ich stelle mich zu der Gruppe, die bei Jesus geblieben ist und schaue auf seine Qual.
Wenn ich merke, dass ich innerlich weggegangen bin, wende ich mich wieder zu Jesus hin.

Ich schaue auf den tödlich verwundeten Christus. Er ist gestorben an den Verletzungen, die entstanden sind durch:
Lieblosigkeit
Neid
Hass
Eifersucht
Unbarmherzigkeit
Gier
...

All diese Tötungswerkzeuge sind in mir und ich gebrauche sie. Meine Lieblosigkeit, mein Neid, mein Hass, meine Eifersucht, meine Unbarmherzigkeit, meine Gier lassen die Liebe sterben.
Ich bitte um Vergebung.

> **Alternative:**

Meditation Weizenkornbild

(von Lucy D'Souza, zw. S. 144/145)

Ich schaue das Bild an, lasse es »auf mich zukommen« (statt es auszuforschen).
Ich bin aufmerksam für das, was mich anspricht.
Ich gehe in das Bild hinein. Ich setze mich an die Stelle der Frau, die den Brotteig knetet.
Ich schließe, wie sie, die Augen und spüre in meine Hände hinein.
Ich stelle mir vor, wie meine Hände etwas formen.
Dann wende ich meine Aufmerksamkeit zu meinem Beckenraum hin.
Ich spüre wie ich dasitze.
Ich spüre den schützenden, bergenden Raum um mich.
Ich bin verbunden nach oben zum Himmel und nach unten zur Erde.

Wenn das Weizenkorn nicht in die Erde fällt und stirbt, bringt es keine Frucht.

Joh 12,24

Abschluss

Zurückschauen

Karsamstag: Trauern

Ich setze einen bewussten Anfang

Anfangsgebet

Wahrnehmungsübung zum Stillwerden

Meditationsimpuls

Karsamstag ist der Tag der Grabesruhe und der tiefen Trauer. In der Kirche wird keine Liturgie gefeiert.
Ich selber kann ein Gespräch mit Gott anfangen, meinem innersten und vertrautesten Du.
Vielleicht so, wie es Dietrich Bonhoeffer für seine Mitgefangenen geschrieben hat:
»Gott, zu dir rufe ich!
Hilf mir beten
und meine Gedanken sammeln zu dir;
ich kann es nicht allein.
In mir ist es finster,
aber bei dir ist das Licht;
ich bin einsam, aber du verlässt mich nicht;
ich bin kleinmütig, aber bei dir ist die Hilfe;
ich bin unruhig, aber bei dir ist der Friede;
in mir ist Bitterkeit, aber bei dir ist die Geduld;
ich verstehe deine Wege nicht,
aber du weißt den Weg für mich.«

▶ **Alternative:**

Bildmeditation: Franziskus-Kreuz, zw. S. 184/185.

Ich schaue das Bild an, nachdem ich u.U. auch den Text auf der Rückseite gelesen habe.
Ich nehme wahr, welche Gedanken, Gefühle mir dazu kommen.

Abschluss

Zurückschauen

Bildmeditation – Das Weizenkorn muss sterben

Wer leben will wie Gott auf dieser Erde,
muß sterben wie ein Weizenkorn,
muß sterben wie ein Weizenkorn, um zu leben.

Er geht den Weg, den alle Dinge gehen;
er trägt das Los, er geht den Weg,
er geht ihn bis zum Ende.

Der Sonne und dem Regen preisgegeben,
das kleinste Korn in Sturm und Wind
muß sterben, um zu leben.

Die Menschen müssen füreinander sterben.
das kleinste Korn, es wird zum Brot,
und einer nährt den andern.

Den gleichen Weg ist unser Gott gegangen;
und so ist er für dich und mich
das Leben selbst geworden.

*GL 183 - T: Huub Oosterhuis 1965, Übertragung Johannes Bergsma 1969.
M: bei Ch. E. H. Coussemaker 1856*

Ostersonntag: Jesus und Magdalena

Ich setze einen bewussten Anfang

Anfangsgebet

Wahrnehmungsübungen zum Stillwerden

Meditationsimpuls

Am ersten Tag der Woche kam Maria von Magdala frühmorgens, als es noch dunkel war, zum Grab und sah, dass der Stein vom Grab weggenommen war. Sie stand draußen vor dem Grab und weinte. Während sie weinte, beugte sie sich in die Grabkammer hinein. Da sah sie zwei Engel in weißen Gewändern sitzen, den einen dort, wo der Kopf, den anderen dort, wo die Füße des Leichnams Jesu gelegen hatten. Die Engel sagten zu ihr: Frau, warum weinst du? Sie antwortete ihnen: Man hat meinen Herrn weggenommen, und ich weiß nicht, wohin man ihn gelegt hat. Als sie das gesagt hatte, wandte sie sich um und sah Jesus dastehen, wusste aber nicht, dass es Jesus war. Jesus sagte zu ihr: Frau, warum weinst du? Wen suchst du? Sie meinte, es sei der Gärtner, und sagte zu ihm: Herr, wenn du ihn weggebracht hast, sag mir, wohin du ihn gelegt hast. Dann will ich ihn holen. Jesus sagte zu ihr: Maria! Da wandte sie sich ihm zu und sagte auf hebräisch zu ihm: Rabbuni!, das heißt: Meister. Jesus sagte zu ihr: Halte mich nicht fest; denn ich bin noch nicht zum Vater hinaufgegangen. Geh aber zu meinen Brüdern, und sag ihnen: Ich gehe hinauf zu meinem Vater und zu eurem Vater, zu meinem Gott und zu eurem Gott. Maria von Magdala ging zu den Jüngern und verkündete ihnen: Ich habe den Herrn gesehen. Und sie richtete aus, was er ihr gesagt hatte.

Joh 20,1,11-18

Der Schmerz und die Trauer ziehen Maria von Magdala frühmorgens, als es noch dunkel ist, zum Grab, um Jesus zu beweinen. Sie kann nicht anders, als ihren geliebten Herrn zu suchen. Sie ist so befangen in ihrer Suche nach dem Leichnam Jesu, dass sie weder die Engel noch Jesus wahr-nimmt.

Erst als Jesus sie mit ihrem Namen anruft, erkennt sie ihn.
Aber Jesus lässt sich nicht festhalten. Er geht hinauf zu seinem Vater, um uns eine Wohnung zu bereiten, damit auch wir dort sind, wo er ist.

Augustinus nennt Maria von Magdala die Apostolin der Apostel. Sie ist die erste Verkünderin der Auferstehung. Sie kann als erste sagen: Ich habe den Herrn gesehen.

»Ostern feiern heißt, der Liebe zu trauen, die den Tod überwindet, nicht nur den Tod am Ende unseres Lebens, sondern auch die vielen Tode, die unser Leben bedrohen, den Tod der Kälte und der Angst, der Verzweiflung und der Hoffnungslosigkeit. Auferstehung heißt, mitten im Grab meiner Dunkelheit und Resignation, meiner Zweifel und Leere, den zu finden, den meine Seele liebt.«
Anselm Grün
in: Christ in der Gegenwart 14/96, Seite 114.

Ich schaue, was mich in diesem Evangelium anspricht. Ich gebe in der Stille der Lebendigkeit und Liebe in mir Raum. Ich wende mich zum auferstandenen Jesus hin, ich kann im Rhythmus meines Atems immer wieder seinen Namen anrufen.

▶ **Alternative:**

Gehmeditation

Bei der Feier der Auferstehung in der Osternacht entzündet der Priester am Feuer die Osterkerze und spricht dabei:
»Christus ist glorreich auferstanden vom Tod. Sein Licht vertreibe das Dunkel der Herzen.«

Diesen Satz kann ich mir immer wieder innerlich vorsprechen, sozusagen »wiederkäuen«, damit er sich »einfleischt«, und dabei langsam gehen. (Vgl. auch dazu S. 80).

Abschluss

Zurückschauen

Ostermontag: Begegnung

Ich setze einen bewussten Anfang

Anfangsgebet

Wahrnehmungsübungen zum Stillwerden

Meditationsimpuls

Am ersten Tag der Woche waren zwei von den Jüngern Jesu auf dem Weg in ein Dorf namens Emmaus, das sechzig Stadien von Jerusalem entfernt ist. Sie sprachen miteinander über all das, was sich ereignet hatte. Während sie redeten und ihre Gedanken austauschten, kam Jesus hinzu und ging mit ihnen. Doch sie waren wie mit Blindheit geschlagen, so dass sie ihn nicht erkannten. Er fragte sie: Was sind das für Dinge, über die ihr auf eurem Weg miteinander redet? Da blieben sie traurig stehen, und der eine von ihnen – er hieß Kléopas – antwortete ihm: Bist du so fremd in Jerusalem, dass du als Einziger nicht weißt, was in diesen Tagen dort geschehen ist? Er fragte sie: Was denn? Sie antworteten ihm: Das mit Jesus aus Nazaret. Er war ein Prophet, mächtig in Wort und Tat vor Gott und dem ganzen Volk. Doch unsere Hohenpriester und Führer haben ihn zum Tod verurteilen und ans Kreuz schlagen lassen. Wir aber hatten gehofft, dass er der sei, der Israel erlösen werde. Und dazu ist heute schon der dritte Tag, seitdem das alles geschehen ist. Aber nicht nur das: Auch einige Frauen aus unserem Kreis haben uns in große Aufregung versetzt. Sie waren in der Frühe beim Grab, fanden aber seinen Leichnam nicht. Als sie zurückkamen, erzählten sie, es seien ihnen Engel erschienen und hätten gesagt, er lebe. Einige von uns gingen dann zum Grab und fanden alles so, wie die Frauen gesagt hatten; ihn selbst aber sahen sie nicht. Da sagte er zu ihnen: Begreift ihr denn nicht? Wie schwer fällt es euch, alles zu glauben, was die Propheten gesagt haben. Musste nicht der Messias all das erleiden, um so in seine Herrlichkeit zu gelangen? Und er legte ihnen dar, ausgehend von Mose und allen Propheten, was in der gesamten Schrift über ihn geschrieben steht. So erreichten sie das Dorf, zu dem sie unterwegs waren. Jesus tat, als wolle er weitergehen, aber sie drängten ihn und sagten: Bleib doch bei uns; denn es wird bald Abend, der Tag hat sich schon geneigt. Da ging er mit hinein, um bei ihnen zu bleiben. Und als er mit ihnen bei Tisch war, nahm er das Brot, sprach den Lobpreis, brach das Brot und gab es ihnen. Da gingen ihnen die Augen auf, und sie erkannten ihn; dann sahen sie ihn nicht mehr. Und sie sagten zueinander: Brannte uns nicht das Herz in der Brust, als er unterwegs mit uns redete und uns den Sinn der Schrift erschloss?

Lk 24, 13-32

Die Jünger sprechen miteinander über all das, was sich ereignet hat.
Die Jünger lassen sich darauf ein, dass ein »Fremder« mit ihnen geht und ihnen die Schrift auslegt.

Ich erinnere mich an die Ereignisse des gestrigen oder heutigen Tages.
Ich kann hören, was mir heute oder gestern von anderen gesagt, mit-ge-teilt wurde.
Was ist mir wichtig, worüber freue ich mich, bin ich traurig, ärgerlich ...
Worüber möchte ich reden?
Wenn ich so auf meinen Tag und die Begegnungen hinschaue »gehen mir die Augen auf« und ich sehe mehr, deutlicher, klarer.

Die Jünger laden Jesus ein bei ihnen zu bleiben.
So kann auch ich Jesus einladen und bitten, bei mir zu bleiben.

Abschluss
Zurückschauen

Begleittreffen zum Abschluss

Wortgottesdienst

1.
Begrüßung

2.
Eingangslied/Eingangsgebet:

Kommt herbei ... GL 270

Herr, am Ende dieser Exerzitien versammeln wir uns, um für die Zeit der inneren Einkehr zu danken. Danken möchten wir besonders für Zeiten, in denen wir wirklich zur Ruhe kommen, deine Nähe erfahren konnten und getröstet und gestärkt wurden.

3.
Lesung:

So spricht der Herr zu Kyrus, seinem Gesalbten, den er an der rechten Hand gefasst hat, um ihm die Völker zu unterwerfen, um die Könige zu entwaffnen, um ihm die Türen zu öffnen und kein Tor verschlossen zu halten: Ich selbst gehe vor dir her und ebne die Berge ein. Ich zertrümmere die bronzenen Tore und zerschlage die eisernen Riegel. Ich gebe dir verborgene Schätze und Reichtümer, die im Dunkel versteckt sind. So sollst du erkennen, dass ich der Herr bin, der dich bei deinem Namen ruft, ich, Israels Gott. Um meines Knechtes Jakob willen, um Israels, meines Erwählten, willen habe ich dich bei deinem Namen gerufen; ich habe dir einen Ehrennamen gegeben, ohne dass du mich kanntest. Ich bin der Herr, und sonst niemand; außer mir gibt es keinen Gott. Ich habe dir den Gürtel angelegt, ohne dass du mich kanntest, damit man vom Aufgang der Sonne bis zu ihrem Untergang erkennt, dass es außer mir keinen Gott gibt. Ich bin der Herr, und sonst niemand.

Jes. 45, 1-6

Begleittreffen zum Abschluss

4.
Zwischengesang:

Der Herr ist mein Hirt. GL 535,6 dazu Psalm 23 absatzweise lesen.

5.
Evangelium

Jesus sagte: Mit dem Reich Gottes ist es so, wie wenn ein Mann Samen auf seinen Acker sät; dann schläft er und steht wieder auf, es wird Nacht und wird Tag, der Samen keimt und wächst, und der Mann weiß nicht, wie. Die Erde bringt von selbst ihre Frucht, zuerst den Halm, dann die Ähre, dann das volle Korn in der Ähre. Sobald aber die Frucht reif ist, legt er die Sichel an; denn die Zeit der Ernte ist da.

6.
Besinnung und Rückblick auf die Wochen der Exerzitien im Alltag

Reflexionsfragen:
Ich erinnere mich an die Exerzitien im Alltag, die ich mitgemacht habe: Avents- und Weihnachtszeit, Fastenzeit, Kar- und Ostertage.
Was ist mir in diesen Wochen wiederholt gekommen, was ist wichtig geworden?
Was waren meine Erfahrungen, wenn ich in der Mühsal des Alltags im Üben bleiben konnte?
Worüber freue ich mich jetzt?
Wie habe ich die Zeiten dazwischen erfahren?
Was könnte ich davon beibehalten, in meinen Alltag integrieren?

Persönliche Besinnungszeit zu den Reflexionsfragen –

Austausch

7.
Glaubensbekenntnis beten

Begleittreffen zum Abschluss

8.
Fürbitten

9.
Vater unser beten

10.
Friedensgruß

11.
Singen

Herr, unser Herr... GL 298

12.
Agape

Teilen von Brot und Traubensaft oder Wein

13.
Abschluss und Segensgebet

Herr wir gehen nun wieder hinaus in die Welt. Bleibe bei uns, steh uns bei, segne und behüte uns und unsere Angehörigen. Gib uns die Kraft für unseren Alltag mit seinen Mühen und laß uns immer wieder deine Nähe erfahren. Amen.
Schlusslied: Der Herr segne und behüte uns.

Halten Sie Ihre Erfahrung einmal in ein paar kurzen Notizen fest.

Den Weg weitergehen

Handreichung für den Übungsweg
nach den Exerzitien im Alltag

Liebe Leserin, lieber Leser,

Sie haben Exerzitien im Alltag gemacht und verspüren jetzt den Wunsch, Ihren geistlichen Übungsweg auch weiterhin zu gehen.
Dafür möchte Ihnen diese Handreichung einige Anregungen geben.
Was Sie in diesem Teil vorfinden, ist freilich kein ausgearbeitetes Programm für jeden Tag. Vielmehr finden Sie Bausteine und Impulse, mit denen Sie sich Ihre eigene Weise des Übens zusammenstellen können.
Im geistlichen Leben geht es ja nicht darum, was *man* tun sollte, sondern, dass Sie in Eigenverantworung *Ihren Weg* mit Gott zu gehen versuchen.
Mehr und mehr werden Sie im Laufe der Zeit Gottes Gegenwart in Ihrem Leben wahrnehmen und konkret darauf antworten können.
Dabei gehören Versuch und Irrtum ebenso selbstverständlich zum Übungsweg wie ein in Geduld immer wieder gewagter Neubeginn.
Dass Weggemeinschaft mit Gleichgesinnten von großer Bedeutung ist, haben Sie gewiss bei den Exerzitien im Alltag entdecken dürfen. Deswegen haben wir auch Anregungen für die Gestaltung von Gruppentreffen in diese Handreichung aufgenommen.

»Spiritualität bedeutet, das zu werden, was du wirklich bist.«
Anthony de Mello

In diesem Sinne wünschen wir Ihnen viel Freude, Geduld und hilfreiche Gefährten für Ihren Weg.

Günther Lohr, Pastoralreferent
Leiter des Exerzitiensekretariats

1 Üben – der Sehnsucht nach Gott ein Gewand geben

Einige grundlegende Tips für Ihren Übungsweg

Orientieren Sie sich bei der Zusammenstellung Ihres persönlichen Übungsprogramms an dem, was Ihnen während der Exerzitien im Alltag hilfreich geworden ist.

Vielleicht helfen Ihnen dabei auch die Tips, die ein Meister des Gebets gibt. (Vgl. Franz Jalics; Kontemplative Exerzitien, Echter 1994, S. 364).
Nach seiner Erfahrung ist es für unser Beten und Meditieren sehr förderlich, wenn wir in der Gestaltung des Alltags einige Prioritäten beachten:

- ❑ Das Wichtigste ist der Schlaf. Wer nicht ausgeschlafen ist, ist entweder träge oder gereizt. – Meditieren aber heißt hellwach und offen gegenwärtig sein.
- ❑ Das Zweitwichtigste ist es, dem Körper die Bewegung zu geben, die er braucht. Das tut nicht nur ihm, sondern auch unserem Geist und unserer Seele gut.
- ❑ An dritter Stelle steht das Gebet.
- ❑ An vierter Stelle die Pflege der Gemeinschaft mit jenen Menschen, mit denen wir das Leben teilen.
- ❑ Erst an fünfter Stelle steht die Arbeit.

Gestalten Sie Ihren Übungsweg möglichst einfach.

Entscheiden Sie für einen überschaubaren Zeitraum (z.B. 4 Wochen) wie und womit Sie üben wollen (Ort, Zeit, Umstände, Gebete, Texte, Übungsanregungen, Meditationsweisen).

Legen Sie vor jeder Besinnungszeit bereit, was Sie brauchen.

Üben heißt auch: regelmäßig wiederholen, unabhängig von Lust und Unlust.

Nicht nur die Bereicherung mit schönen Ideen, sondern die Verwandlung unserer ganzen Persönlichkeit durch Gott ist das Ziel allen Übens.

Nicht das Vielwissen sättigt die Seele, sondern das Verkosten der Dinge von innen her (Ignatius von Loyola), d.h. auch, die Übungen dieser Handreichung nicht »durchmachen«, sondern mit einer über einen längeren Zeitraum üben.

Für wen geht ihr?

In Ropschitz, Rabbi Naftalis Stadt, pflegten die Reichen, deren Häuser einsam oder am Ende des Ortes lagen, Leute zu dingen, die nachts über ihren Besitz wachen sollten. Als Rabbi Naftali sich eines Abends spät am Rande des Waldes erging, der die Stadt säumte, begegnete er solch einem auf und nieder wandelnden Wächter. »Für wen gehst du?« fragte er ihn. Der gab Bescheid, fügte aber die Gegenfrage daran: »Und für wen geht ihr, Rabbi?« Das Wort traf den Zaddik wie ein Pfeil. »Noch gehe ich für niemand«, brachte er mühsam hervor, dann schritt er lange schweigend neben dem Mann auf und nieder. »Willst du mein Diener werden?« fragte er endlich. »Das will ich gern«, antwortete jener, »Aber was habe ich zu tun?« »Mich zu erinnern«, sagte Rabbi Naftali.

2 Der Weg nach den Exerzitien im Alltag

5. Fastenwoche

Sie können in der Woche nach Abschluss der eigentlichen Exerzitien im Alltag eine »Nachlese« der gemachten Erfahrungen halten.
Dies dient sowohl der eigenen Klärung und Ordnung, als auch der Vertiefung und Ver-innerlichung.
Gehen Sie noch einmal die Wochen der Exerzitien durch und spüren Sie nach, welche Worte, Erfahrungen oder Texte für Sie besonders bedeutsam waren.
Listen Sie sie in dem unten aufgeführten Wochenschema auf, so dass Sie sich an jedem Tag der 5. Fastenwoche jeweils einem dieser Themen zuwenden können.
Es kann auch die ganze Woche nur eine Erfahrung, ein Wort etc. sein, gerade so, wie es Ihnen stimmig erscheint.

> Nichts soll dich ängstigen, nichts dich erschrecken. Alles geht vorüber. Gott allein bleibt derselbe. Alles erreicht der Geduldige, und wer Gott hat, der hat alles. Gott allein genügt.
>
> *Hl. Theresia von Avila*

 Montag

 Dienstag

 Mittwoch

 Donnerstag

 Freitag

 Samstag

 Sonntag

Karwoche (weiterführende Vorschläge)

Bemerkung: Als Alternative zu den Übungen S. 135 können die zwei folgenden Vorschläge verwendet werden.

1. Vorschlag: Wir sind mit Jesus unterwegs hinauf nach Jerusalem

In der Karwoche kann es lohnend sein, ganz bewusst den Weg Jesu mitzugehen durch eine Gebetszeit mit einer entsprechenden Bibelstelle (z.B. nach der »benediktinischen« oder »ignatianischen« Methode, siehe Seite 181-185) und durch aufmerksames Achten auf vergleichbare Situationen in meinem Alltag und im Tagesrückblick.

Palmsonntag:

Ich bin mit einem unterwegs, der umjubelt wird.
    Mk 11,1-11

Wo erfahre ich Zustimmung und Anerkennung in meinem Leben?
Wie fühle ich mich dabei?

Montag:

Ich bin mit einem unterwegs, der abgelehnt wird.
    Mk 6,1-6a

Wann habe ich mich das letzte Mal abgelehnt gefühlt?
Was löst dies in mir aus?

Dienstag:

Ich bin mit einem unterwegs, der anderen die Füße wäscht.
    Joh 13,1-17

Habe ich heute einen Dienst erfüllt, den ich nicht tun musste, einfach, weil es mich innerlich dahingezogen hat?

Mittwoch:

Ich bin mit einem unterwegs, der die Konsequenzen gelebter Liebe auf sich nimmt.
    Joh 18,1-11

Gibt es auch in meinem Leben schmerzliche Wege, weil ich mich aus innerster Verantwortung dazu entschieden habe?

Gründonnerstag:

Ich bin mit einem unterwegs, der den Preis der Liebe zahlt.
    Joh 19,1-5

Kenne ich dies auch? Zu leiden, weil ich liebe?

Karfreitag:

Ich bin mit einem unterwegs, der gestorben ist und ins Grab gelegt wurde.
    Mk 15,42-47

Wo wird mir mein Leben abgeschnürt und wo fühle ich mich lebendig begraben?

Karsamstag/Ostern:

Ich bin mit einem unterwegs, der in unendlich neues Leben gerufen wurde.
    Joh 21,1-14

Kenne ich auch solche Auferstehungserlebnisse, völlig unerwarteten »Fang« und unverhoffte, beglückende Begegnung?

Halten Sie Ihre Erfahrungen einmal in ein paar kurzen Notizen fest

Bildmeditation zu Mt 26,17-29 oder 1. Kor 11,23-26

Das Abschiedsmahl Jesu findet in einem Obergeschoßzimmer statt;
es beginnt am Abend und zieht sich bis in die Nacht hin; der Jünger,
den Jesus lieb hat, liegt an seiner Brust; Jesus ist deutlich der Vorsitzende;
er segnet Brot und Wein und bietet sie an als seinen Leib und sein Blut;
Judas ist am weitesten weg von ihm, ganz unten;
der Geldbeutel weist ihn als Kassenwart aus und als Verräter;
das zubereitete Passa-Lamm liegt in der Mitte. Das Mahl hat schon begonnen,
aber die eucharistischen Gaben sind noch nicht ausgeteilt.
Festmahl und Eucharistiefeier, Gaben der Sättigung und Gaben der Heiligung
sind auf diesem Bild zwar etwas Verschiedenes, aber sie sind miteinander
verbunden. Die über dem erhobenen Kelch schwebende Hostie mit dem
Kreuzbild erinnert überdies an die im Mittelalter aufkommende Verehrung
der eucharistischen Gestalten (Fronleichnam).

Buchmalerei. ›Mailänder Stundenbuch‹. Um 1410
Turin, Museo Civico (fol. 90ʳ)
(nach: Schulbibel, a.a.O., S. 289)

2. Vorschlag: Bewusstes Mitfeiern der Karliturgie

Möglich ist auch die Gestaltung der Karwoche durch bewusstes Mitfeiern der Karliturgie und durch jeweils eine Gebetszeit täglich mit Schrifttexten der entsprechenden Kartage (Anleitung zur Schriftmeditation, siehe Seite 184f.).

Palmsonntag:
Jes 50,4-7 oder Phil 2,6-11

Montag der Karwoche:
Jes 42,5a 1-7 oder Joh 12,1-11

Dienstag der Karwoche:
Jes 49,1-6 oder Joh 13,21-33, 36-38

Mittwoch der Karwoche:
Jes 50,4-9a oder Mt 26,14-25

Gründonnerstag:
Ex 12,1-8, 11-14 oder 1Kor 11,23-26 oder Joh 13,1-15; siehe auch Bildmeditation zw. S. 160/161

Karfreitag:
Jes 52,13-53, 12 oder Hebr 4,14-16; 5,7-9

Ostern:
Apg 10,34a, 37-43 oder Kol 3,1-4 oder Joh 20,1-9

Halten Sie Ihre Erfahrung einmal in ein paar kurzen Notizen fest.

3 Den Weg im Alltag weitergehen

> Die letzten achtzig Jahre habe ich jeden Morgen auf dieselbe Weise begonnen, nicht etwa mechanisch, aus bloßer Routine, sondern weil es wesentlich ist für meinen Alltag: Ich gehe ans Klavier und spiele zwei Präludien und zwei Fugen von Bach. Anders kann ich es mir gar nicht vorstellen. Es ist so etwas wie ein Haussegen, aber es bedeutet mir noch mehr: die immer neue Wiederentdeckung einer Welt, der anzugehören ich mich freue. Durchdrungen von dem Bewusstsein, hier dem Wunder des Lebens selbst zu begegnen, erlebe ich staunend das schier Unglaubliche: ein Mensch zu sein.«
>
> *Pablo Casals*
>
> (Pablo Casals, Licht und Schatten auf einem langen Weg, Erinnerungen aufgezeichnet von A.E. Kahn, S. 10)

Mein Schatz aus den Exerzitien im Alltag

Sie können Ihren Übungsweg damit beginnen, dass Sie Anregungen aufgreifen, die Ihnen im Verlauf der Exerzitien im Alltag besonders wichtig geworden sind.
Oder gibt es Tagesthemen, die Sie wiederholen/vertiefen möchten?
Oder greifen Sie Übungen/Themen auf, zu denen Sie ursprünglich keinen Zugang gefunden hatten.

Halten Sie Ihre Erfahrung einmal in ein paar kurzen Notizen fest.

Meiner Sehnsucht Raum geben

Das, was ich ersehne und begehre, ist einer der stärksten Antriebe für die Begegnung mit Gott. Die folgende Übung kann Ihnen helfen, Ihre Sehnsucht freizulegen und sich von Ihrer Kraft auf Gott hin bewegen zu lassen:
Nachdem ich mir für etwa 45 Minuten Zeit genommen und einen ruhigen Ort, an dem ich entspannt sitzen (oder gehen) kann, gefunden habe, nehme ich mir hintereinander jeweils ca. 5 Minuten Zeit zum »Träumen«.
In dieser Zeit lasse ich Wünsche, Vorstellungen, Träume, Gedanken – unabhängig davon, ob sie mir realisierbar oder »vernünftig« erscheinen – einfach kommen (je 5 Minuten). Was mir einfällt, notiere ich:
Ich habe plötzlich 5 Minuten Zeit. Was möchte ich da tun ...?
Ich habe einen ganzen Tag frei ...
Ich habe eine Woche zur freien Verfügung ...
Ich bekomme einen Monat ...
... ein Jahr ...

Zum Abschluss kann ich darauf achten:
Welche Zeiteinheit fiel mir am leichtesten? Welche am schwersten? Warum wohl? Welche Grundbedürfnisse kamen in meinen »Träumen« öfter vor? Welche weniger oder kaum?
Wie fühle ich mich jetzt nach der Übung? Legen sich mir praktische Folgerungen nahe?
Ich kann mein Verlangen vor Gott zur Sprache bringen ..., ihn bitten, dass meine Wünsche mich zu *ihm* hin bewegen.
(Vgl. Korrespondenz zur Spiritualität der Exerzitien, Augsburg, Nr. 43/44, S. 86)

> »... die Sehnsucht Gottes ist der Mensch.«
> *Augustinus*

Halten Sie Ihre Erfahrung einmal in ein paar kurzen Notizen fest.

»Nur im Schweigen gelangt der Mensch vor Gott« (Romano Guardini)

Schweigen meint mehr als nicht reden. Es bedeutet, alles Eigene (mein Machen, Können, Wollen, Wissen) loszulassen, absichtslose Offenheit des Herzens, leer und ganz Empfang zu sein für Gott.

Die folgenden Übungen wollen Ihnen helfen, still zu werden und still zu sein.

Weitere Wege in die Stille sind die Übungen zum nachfolgenden Thema »Achtsamkeit«.

Im Augenblick verweilen

Nehmen Sie sich etwa 10 Minuten Zeit.
Stellen oder setzen Sie sich gerade hin. Achten Sie darauf, dass Ihr Atem frei fließen kann.
Lesen Sie den folgenden Text und versuchen Sie, das Gelesene innerlich nachzuvollziehen:

> Ich bin da ... – Ich habe Zeit ... – Es drängt nichts und ich muss auch nichts leisten ... – In diesem Augenblick bin ich vor Gott ... – Ich darf da sein, wie ich jetzt gerade bin ... mit meinem Körper ..., mit meinen Gedanken ...

Versuchen Sie nicht, Ihre Gedanken »unter Kontrolle« zu bringen, sondern lassen Sie alles zu und lassen Sie es wieder gehen. Ihre Gedanken ziehen an Ihnen vorüber, wie die Wolken am Himmel. Sie nehmen alles wahr, ohne dem nachzulaufen. Verweilen sie ganz locker und entspannt im Hier und Jetzt, der Gegenwart Gottes.

Beenden Sie die Übung nach der vorgenommenen Zeit behutsam.

Tönen

Nehmen Sie sich etwa 10 Minuten Zeit.
Stellen oder setzen Sie sich gerade hin. Achten Sie darauf, dass Ihr Atem frei fließen kann.
Wählen Sie einen Laut, eine Silbe oder ein Wort, das Sie anspricht und das Sie singen/tönen möchten(z.B. A-O-U, Ja, Du, Amen, Halleluja, Baum, Shalom). Singen Sie dies mit dem ausströmenden Atem. Immer wieder, Atemzug für Atemzug. Tönen Sie aus ganzem Herzen. Lassen Sie Ihren Leib singen, Resonanzboden sein, mitschwingen. Seien Sie ganz Ihr Ton, laut, leise, hoch, tief – wie es singen will in Ihnen, nach Ihrer Melodie.
Bleiben Sie am Ende der Zeit noch eine Weile achtsam lauschend in der Stille. Dann beenden Sie die Übung.

Als mein Gebet immer andächtiger und innerlicher wurde, da hatte ich immer weniger und weniger zu sagen. Zuletzt wurde ich ganz still.

Ich wurde, was womöglich noch ein größerer Gegensatz zum Reden ist, ich wurde ein Hörer.

Ich meinte erst, Beten sei Reden. Ich lernte aber, dass Beten nicht bloß Schweigen ist, sondern Hören.

So ist es: Beten heißt nicht sich selbst reden hören, beten heißt still werden und still sein und warten, bis der Betende Gott hört.

(Sören Kierkegaard

Halten Sie Ihre Erfahrung einmal in ein paar kurzen Notizen fest.

Die Übung der Achtsamkeit

Achtsamkeit ist eine der wichtigsten Übungen im geistlichen Leben. Gott, der »Ich bin da« ist Gegenwart und durch die Gegenwart zugänglich. Die Tür zur Gegenwart aber ist die Achtsamkeit.

Achtsam das Leben wahrnehmen – das meint: ganz gesammelt gegenwärtig sein; alle Wirklichkeit so annehmen, wie sie ist; geschehen lassen; offen und absichtslos wahrnehmen – ohne egoistische Filter und Trübungen; wahrnehmen ohne zu be- oder zu verurteilen.

Absichtslose Achtsamkeit ist Gebet. Es bewirkt einen inneren stillen Wandel von der Haltung der Ich-Bezogenheit zur Gott-Bezogenheit und schärft unsere Wahrnehmungsfähigkeit für die Gegenwart Gottes.

Die nachfolgenden Übungen wollen nicht als isolierte Einzelübungen verstanden sein, sondern als Anregung und Ferment dafür, dass Achtsamkeit zu einer Haltung wird, die unser ganzes Leben prägt.

Sehen, hören, riechen ...

(Vgl. Klemens Schaupp, Gott im Leben entdecken, Würzburg (Echter) 1995, S. 67)

Die folgenden *Übungsschritte* erfordern, dass man sich Zeit dafür nimmt, etwa eine halbe bis eine Stunde.

Ins Freie gehen, möglichst an einen ungestörten Ort – das Denken- und Beurteilenwollen zurücklassen und nur noch wahrnehmen –
sehen (Wiesen, Wald, Wege, Himmel, Wolken ...);
hören (Autos, das Zwitschern der Vögel, das Läuten der Glocken, Züge ...);
riechen (Duft der Blumen, Abgase einer Fabrik, Stallgeruch von Pferden ...);
tasten (Steine, Erdreich, Baumrinde ...);
spüren (die Wärme der Sonne, die Nässe des Regens, das Wehen des Windes, die Kälte im Winter ...);
all diese Dinge wahrnehmen, *ohne* sie gleich bewerten oder beurteilen zu wollen.

Für das Gelingen der Übung ist es entscheidend, ganz im Wahrnehmen zu bleiben und es zum Beispiel nicht durch beobachtendes Wissen (etwa: »das ist

eine Eiche, ein Motorgeräusch ...«) zu ersetzen. Wenn Gefühle auftauchen, nehmen Sie diese wahr, ohne an ihnen zu haften und sich an sie zu verlieren.

Nach dieser Zeit des Wahrnehmens entspannen und das Wahrgenommene nachklingen lassen.

Die Wahrnehmung vertiefen;
dafür gibt es u.a. folgende Möglichkeiten:
Einen Gegenstand (z.B. einen Baum oder einen Bach, eine Kerze) mit allen Sinnen in sich aufnehmen.
Nacheinander nur mit jeweils einem Sinn bewusst wahrnehmen (eine Zeit *nur* Hören, dann *nur* Schauen usw.).
Einfach Freude finden am Hören, Schauen, Riechen und Tasten.
Eine Zeitlang auf das je Leisere hören, auf das je Unauffälligere achten; das wahrnehmen, was sich den Sinnen zunächst nicht aufdrängt. – Diese Weise der Vertiefung ist eine gute Einübung ins Schweigen.

Die Übung bewusst beenden mit einem einfachen Gebet oder Dank.

> »Die von jeder Beimischung ganz und gar gereinigte Aufmerksamkeit ist Gebet.«
>
> *Simone Weil*

Den Atem wahrnehmen

Nehmen Sie sich 10 bis 15 Minuten Zeit. Stellen oder setzen Sie sich gerade hin. Achten Sie darauf, dass Ihr Atem frei fließen kann, Sie nichts beengt und drückt. Gehen Sie bei den folgenden Worten innerlich mit: Ich bin da ...! – Ich folge meinem Atem ... – Ich achte nur darauf, dass ich den ein- und ausströmenden Atem ganz achtsam wahrnehme ... – Er kommt und geht in seinem eigenen Tempo, ohne dass ich ihn willentlich beeinflusse: ein ... aus ... Pause ... ein ... aus ... Pause ...
Wenn ich abgelenkt werde, kehre ich immer wieder, sobald ich es merke, einfach zum Atem zurück. Ich beende die Übung behutsam.

Körperempfindungen

(Nach: Anthony de Mello, Meditiere mit Leib und Seele, Butzon und Bercker 1987, S. 20f)

Wähle eine Körperhaltung, die bequem und entspannt ist. Schließe die Augen. Werde dir nun gewisser Körperempfindungen bewusst, die du in diesem Augenblick zwar spürst, die dir aber nicht deutlich bewusst waren ... Nimm wahr, wie die Kleider deine Schulter berühren ... Werde dir nun deiner Hände bewusst, wie sie sich berühren oder auf deinem Schoß liegen ... Nun werde dir deiner Oberschenkel oder deines Gesäßes bewusst, wie sie gegen den Stuhl drücken ... Spüre nun die Füße, wie sie den Boden berühren ... Nun werde dir deutlich deiner Sitzhaltung bewusst ...
Noch einmal: deine Schultern ... dein Rücken ... deine rechte Hand ... deine linke Hand ... deine Oberschenkel ... deine Füße ... deine Sitzhaltung ...
Und wieder: Schultern ... Rücken ... rechte Hand ... linke Hand ... rechter Oberschenkel ... linker Oberschenkel ... rechter Fuß ... linker Fuß ... Sitzhaltung ...
Wandere nun in deiner Vorstellung nach eigener Wahl von einem Körperteil zum anderen. Konzentriere dich nicht länger als ein paar Sekunden auf jeden einzelnen Körperteil – Schultern, Rücken, Oberschenkel usw. ... Konzentriere dich auf einen Körperteil nach dem anderen ...
Du kannst dich auf die Körperteile konzentrieren, die ich genannt habe, oder auf andere: deinen Kopf, deinen Nacken, deine Arme, deine Brust, deinen Magen ... Wichtig ist, dass du von jedem Körperteil, mit dem du dich befasst, das *Gefühl* bekommst, die *Empfindung*, dass du sie ein paar Sekunden behältst und dann weiterschreitest ...
Öffne nach fünf Minuten die Augen langsam, und beende die Übung.

Gehmeditation

Sie können sich für diese Übung eine eigene Zeit reservieren und hinausgehen in die Natur. Ebenso aber ist es möglich, sie auf einem der Wege zu praktizieren, die Sie ohnehin gehen (z.B. in die Arbeit, zum Einkaufen). Lesen Sie die nachfolgenden Worte aufmerksam durch und üben Sie dann in entsprechender Weise: Ich versuche mein Gehen ganz achtsam wahrzunehmen. Ich achte darauf, was geschieht, wenn ich einen Schritt mache. Ich versuche nicht, an die Schritte zu

denken, sie mir vorzustellen, sondern ich bin einfach mit meiner ganzen Aufmerksamkeit bei dem Schritt, den ich gerade mache ...
Ich achte nicht nur auf die Bewegung meiner Beine und Füße sowie ihre Berührung mit dem Boden, sondern auf den Gesamtvorgang des Gehens: den Atem, die Bewegung der Arme und des ganzen Körpers ... Ich bleibe dabei möglichst locker. Es geht nicht darum, etwas zu leisten. Ich versuche einfach nur präsent zu sein, so wie ich es im Augenblick kann ...
Sie können diese Übung auch in anderen Lebensvollzügen praktizieren:

Wenn ich stehe, dann stehe ich;
wenn ich sitze, dann sitze ich;
wenn ich esse, dann esse ich;:
wenn ich ..., dann ... ich.

Innehalten

Halten Sie tagsüber mehrmals spontan in dem inne, was Sie gerade tun.
Machen Sie die ganze Übung mit einer liebevollen Aufmerksamkeit (einem inneren Lächeln) – ohne zu verurteilen:
Ich nehme aufmerksam wahr, wie ich jetzt da bin. Ich achte auf meine Körperempfindungen, meine körperliche Haltung, auf Verspannungen, die ich spüre ...
Ich nehme meinen Atem wahr ... greife nicht steuernd ein, sondern achte nur darauf, wie er ein- und ausströmt in diesem Augenblick ...
Ebenso kann ich die Gefühle und Gedanken wahrnehmen, die jetzt da sind ...
Ich beende die Übung, indem ich mich bewusst auf das einstelle, was im Lauf des Tages als nächstes für mich an der Reihe ist.

Rabbi Hillel verabschiedete sich von seinen Schülern und verließ das Lehrhaus. Aber die Schüler kamen ihm nach, um ihn zu fragen, wohin er gehen wolle.
»Ich gehe, um ein frommes Werk zu tun.«
»Welches denn?«
»Ich gehe ins Bad.«
»Ins Bad« riefen sie erstaunt. »Was ist denn daran fromm?«

Gebet der liebenden Aufmerksamkeit

– Schritte für einen Rückblick während oder am Ende eines Tages –
(nach: GCL-Werkmappe, Augsburg 1992)

Ignatius von Loyola nannte das Gebet der liebenden Aufmerksamkeit die »wichtigste Viertelstunde« des Tages. Es will eine Hilfe auf dem Weg sein, aufmerksam das eigene Leben mit Gott zu leben, Ihn in allem Geschehen zu finden.

Mich einfinden
Gegenwärtig sein vor dem Gott meines Lebens, der in Jesus Christus für mich da ist. Gewahrwerden – mit Staunen und Dank, dass ich lebe. Mit dem Leib da sein vor Ihm. Mit dem vor Ihm sein, was mich bewegt. Still werden.

Bitten
um die Offenheit, in Seinem Licht die Wirklichkeit des Tages zuzulassen und zu erkennen, was Er mir heute zeigen will.

Den Tag anschauen
mit liebender Aufmerksamkeit – ohne gleich zu werten und zu urteilen – mich nun dem zuwenden, was heute war: in mir, durch mich, um mich…

> Ich kann den Tag – Stunde für Stunde oder Ort um Ort oder Begegnung nach Begegnung – an mir vorbeiziehen lassen: dabei versuchen nachzuspüren, wo ich im »Zeitraffertempo« weitergehen kann und wo ich etwas im »Zeitlupentempo« anschauen will. Es geht nicht um Vollständigkeit, sondern um ein Verweilen bei dem, »was sich anbietet«. Empfindungen (Sinneswahrnehmungen), Gefühle (Freude, Ärger, Angst …), Gedanken, die ich in einzelnen Situationen hatte, können wieder aufsteigen: andere melden sich vielleicht neu.

Jetzt wahrzunehmen suchen, ob und wie ich in all dem den Geist Gottes, d.h. die Bewegungen von Lieben, Glauben, Hoffen, am Werk spüre oder die Umtriebe vom Ungeist, d.h. von Egoismus, Misstrauen, Entmutigung …

Mich schließlich fragen: Was will Er mir damit sagen?

Vor Gott bringen, was ich wahrgenommen habe
Was in mir da ist: Freude, Betroffenheit, Unruhe, Trauer ...
Was ich als gut erkenne,
was an Ungelöstem, an Wunden oder Schuld ... da ist.
mich und die Betroffenen neu Gott anvertrauen,
Ihn loben, Ihm danken, Ihn um das Geschenk der Versöhnung, der Vergebung bitten ... – je nachdem, was mir jetzt nahe liegt – im Vertrauen: Er nimmt mich an, wie ich wirklich bin.

Auf den nächsten Tag zugehen
Was mich im Blick auf den kommenden Tag bewegt: Pläne, Ereignisse, Begegnungen, Hoffnungen, Befürchtungen ... Gott übergeben.
Um Kraft zum »einen Not-wendigen« bitten, um Vertrauen und Zuversicht, um Entschiedenheit für das, was jetzt gerade wichtig ist für mich, wohin meine Sehnsucht mich zieht ...

Dankbarkeit üben

In der Frühe erinnere ich mich: Meine Aufmerksamkeit gilt heute der Dankbarkeit.
Ich will Situationen wahrnehmen, die mich bereichern – wodurch auch immer (z.B. aufatmen, ein guter Blick, die warme Sonne).
Im Lauf des Tages halte ich gelegentlich inne, nehme mir ein paar Minuten Zeit und spüre nach, hebe gleichsam Situationen, für die ich dankbar sein kann und möchte ins Licht.
Dabei ist es auch möglich, so genannte »sinnlose« Lücken zu nützen, z.B. das Warten an der Ampel ...
Ich kann auch im Vorausschauen dankbar wahrnehmen, worauf ich zugehe, worüber ich mich freue.
Vielleicht schweige ich auch einfach nur und staune.
Zum Tagesabschluss gehe ich den Tag, der hinter mir liegt, noch einmal durch, ich lasse die kleinen und kleinsten Geschehnisse wie einen inneren Film an mir vorüberziehen und danke.
Ich schweige eine Zeit lang in Dankbarkeit.

Ich nehme aber auch die unterschiedlichen Bewegungen in mir wahr: wobei ist mir nicht nach Dank zumute?
Vielleicht möchte ich einen Eintrag in mein Tagebuch machen
oder nehme mir vor, jemandem bewusst für etwas zu danken z.B. durch Blumen, Worte ...

> Nur für heute werde ich fest glauben – selbst wenn die Umstände das Gegenteil zeigen sollten –,
> dass die gütige Vorsehung Gottes sich um mich kümmert, als gäbe es sonst niemand in der Welt.«
>
> *Papst Johannes XXIII.*

Im Buch meines Lebens lesen

Die folgende Übung lädt Sie ein, Ihr Leben lesen zu lernen als Geschichte Gottes mit Ihnen.
Es ist eine Übung, die Sie immer wieder aufgreifen, fortsetzen und vertiefen können. Anfangs werden Sie vielleicht noch nicht sehr viel entdecken. Aber es lohnt sich weiterzuarbeiten, immer wieder hinzuschauen und achtsam auf Ihre inneren Bewegungen zu lauschen. Dann werden sich mit der Zeit Muster, Linien, Zusammenhänge und Bedeutungen zeigen.
Sehr hilfreich kann es sein – nicht nur wenn Sie auf schmerzliche Abschnitte Ihres Lebens blicken –, wenn Sie mit einem Menschen Ihres Vertrauens von Zeit zu Zeit über Ihre Entdeckungen ins Gespräch kommen. Eventuell können solche Gespräche auch mit den Menschen geführt werden, die mit Ihnen zusammen diesen Übungsweg nach Exerzitien im Alltag gehen (siehe dazu den Punkt »Mit Gefährten unterwegs« Seite 188-190).

Schritte der Übung

(vgl. Korrespondenz zur Spiritualität der Exerzitien Nr. 43/44, S. 85)

Auf der Mittelachse eines DIN-A4-Blattes (oder auch größer) untereinander die Jahre meines Lebens (von 1 bis heute) eintragen und dann die folgenden Spalten vorbereiten, oder das beiliegende Muster mehrmals, wenn nötig, kopieren:

Ereignisse, Wendepunkte, Entscheidungen	Für mich wichtige Personen oder Begegnungen	Jahre meines Lebens	Vorherrschende Gefühle, Verhaltensweisen	Beziehung zu Gott – Glaube – Kirche

Für diesen Rückblick sollten mindestens 45, besser 60 Minuten zur Verfügung stehen. Zunächst versuche ich einmal, meinen äußeren Lebensweg entlangzugehen und mir die entscheidenden Orte, äußeren Ereignisse, Wendepunkte oder einflussreichen Entscheidungen (Spalte 1), »herzuholen« – soweit es gelingen mag. Nicht die Vollständigkeit ist entscheidend, sondern dass das kommen kann, was »da« ist.

Mithilfe des Zeitrasters kann ich dann die von den andern Spalten berührten Bereiche meines Lebens in seinen verschiedenen Abschnitten etwas mehr aufschließen. Wenn ich dazu Lust habe, verweile ich beim einen oder andern etwas und gehe dann zum nächsten über. Falls ich schon bald »durch« zu sein meine, greife ich das Gefundene nochmals auf; vielleicht spinnt sich der Faden jetzt weiter. Wenn die Zeit zu schnell vergeht und ich am Ende der Stunde noch lange nicht am Ende bin mit meinem Rückblick, so macht es nichts. Ein anderes Mal kann es weitergehen.

Zur weiteren Vertiefung können die folgenden Fragen helfen:
Was hat dieser Rückblick in mir an Gefühlen wachgerufen?
Welche Ereignisse, Situationen, Personen ... haben in mir Freude, Mut, Hoffnung, Erwartung geweckt?
Welche dunklen Wegabschnitte sind aufgetaucht?
In welche davon ist Licht gekommen? Durch wen? Durch was? Wie?
Erahne ich im ganzen meines Lebens einen roten Faden, eine bestimmte Wellenlänge, auf die ich anspreche; Bedeutungen, die ich sehe?
Was/wer hat mir bisher geholfen, auf dem Weg zu bleiben bzw. mich auf den Weg zu machen?
Kann ich in all dem Spuren Gottes entdecken?
Wer ist aufgrund dieser Lebensgeschichte Gott für mich ganz persönlich?
Ahne ich etwas von meinem eigenen, unverwechselbaren Wesen; davon also, wer ich in den Augen Gottes bin?

Ein Blick auf die Drehpunkte des Lebens

(nach: GCL-Werkmappe, Augsburg 1992)

»Worum dreht sich's denn?« fragen wir gelegentlich, wenn jemand einen Termin für ein Gespräch möchte. – »Worum dreht es sich hier denn eigentlich?«, so fragen wir, wenn wir einem fremden Geschehen zuschauen, ohne zu durchschauen, was da los ist. Wenn wir bei Sportarten fremder Kulturen zuschauen, kann es uns so gehen: Wenn wir den ›Dreh‹ nicht heraushaben, wenn wir die Struktur oder den springenden Punkt nicht verstanden haben, sind uns weder Einzelheiten des Geschehens noch Reaktionen der Zuschauer verständlich.

Das, worum sich etwas dreht, ist die Achse: die Achse eines Rades; ein Mensch, um den sich alles dreht. Wenn einer sich verliebt, dann dreht sich für ihn zumindest eine Zeitlang – alles um die Geliebte: Er denkt an sie, sehnt sie herbei, sieht die Welt mit ihren Augen, sucht ihre Nähe ... Durch so eine Mitte wird alles am Rand Liegende zentriert, in einen Zusammenhang und in eine größere Nähe zueinander gebracht. So eine Mitte hält ein Ganzes in Bewegung, bringt etwas weiter oder hält es – wenn der Mittelpunkt statisch ist – wenigstens am Kreisen.

Auch im Leben gibt es solche Drehpunkte, Achsen, um die vieles kreist: Gedanken, Sorgen, Empfindungen, Wünsche, Enttäuschungen, innere Gespräche, Handlungen ... Auch im eigenen Leben, am eigenen Lebenswagen, gibt es solche Achsen, die das Ganze in Gang halten, die sich aber auch festfahren oder im Leerlauf kreisen können.

So kann es nützlich sein, sich einmal oder immer wieder einmal dafür Zeit zu nehmen, den tatsächlichen Drehpunkten meines Lebens – hier und jetzt – nachzugehen: Worum dreht sich's bei mir zur Zeit besonders? Immer wieder? Worum kreist vieles? Und: Worum dreht sich's denn gar nicht? So kann das zufällig anmutende Vielerlei, ohne seine Vielfältigkeit zu verlieren, von der Mitte oder von einigen wenigen Drehpunkten her zentriert, geordnet, zu einem sinnvolleren Beziehungsgefüge werden.

Schritte der Übung

Einfach sammeln, was zu meinem Leben dazugehört (alles, was mir einfällt, oder gezielt zu einem der folgenden Bereiche), z.B.
die *Gegenstände*, alltägliche, ganz besondere oder persönliche ...,
die *Personen*, mit denen ich in Beziehung bin (privat, geschäftlich),
die *Gefühle*, die ich zur Verfügung habe: bestimmte Gefühlsabläufe, die in mir auftauchen;
die *Gedanken*, die mir so kommen, die mich beschäftigen oder sich einstellen, wenn ich an ›nichts Besonderes‹ denke, die Pläne ...,
die *Bilder* und Informationen, die ich suche, auf die ich anspreche...
die *Worte*: Lieblingsthemen, über die ich rede; Wortwendungen, die mir eigen sind: Worte, die mich faszinieren; solche, die mich langweilen, anwidern; Worte, die mich treffen; Worte, die mir wohltun ...,
das *Tun*: Dinge, die ich gern tue oder nur gezwungenermaßen; routinemäßige Handlungen; Arbeiten, die ich regelmäßig aufschiebe, vermeide; Handeln, in das ich mich stürze ...
Schon dieses Sammeln kann sich lohnen und manches zeigen, worum sich's dreht.
Diese Fülle anschauen und mit Hilfe der folgenden Fragen *ordnen*, um herauszufinden, wo meine Drehpunkte, Achsen liegen:
Was nimmt bei mir zeitlich besonders viel Raum ein? Was bewegt mich besonders lange oder intensiv? Selbst, wenn anderes dran wäre?
Worum dreht sich – vielleicht wider Erwarten – wenig oder nichts bei mir?
Gibt es eine Hauptachse? Eine offenkundige oder geheime Mitte? Wo sind Nebenachsen?
Wo empfinde ich das Drehen als Schwung, als weiterführend? Und wo ist der Drehwurm drin?

Vielleicht kann am Abschluss einer solchen Besinnung das *Gebet* stehen, das Ignatius an den Anfang einer jeden Gebetszeit stellt: Die Bitte, dass ich von Gott selbst wieder neu ausgerichtet werde auf Ihn hin – und dass von Ihm her alles seine Ordnung, seinen Platz und seine Dynamik erhält.

> Gott, dieser Tag,
> und was er bringen mag,
> sei mir aus deiner Hand gegeben:
> Du bist der Weg, die Wahrheit und das Leben.
>
> Du bist der Weg:
> ich will ihn gehen
> Du bist die Wahrheit:
> ich will sie sehen.
> Du bist das Leben:
> mag mich umwehen
> Leid und Kühle
> Glück und Glut,
> alles ist gut,
> so wie es kommt.
> Gib, dass es frommt!
>
> In deinem Namen
> beginne ich. Amen

Halten Sie Ihre Erfahrung einmal in ein paar kurzen Notizen fest.

»Durch dein Wort belebe mich« (Ps 119,25)
Geistliche Schriftlesung

Im Folgenden finden Sie zwei Vorschläge dafür, wie Sie auf Ihrem Weg mit Texten der Hl. Schrift (oder anderen geistlichen Texten) üben können.
Für die Auswahl von Bibeltexten ist z.B. der Bibelleseplan sehr hilfreich, der jedes Jahr vom katholischen Bibelwerk herausgegeben wird und dort auch zu beziehen ist. (Katholisches Bibelwerk e.V., Silberburgstr. 121, 70176 Stuttgart).

Die »Benediktinische« Methode

(nach: Anthony de Mello, Meditation mit Geist und Seele, Butzon und Bercker, S. 135ff.)

Komm zur Ruhe und stell dich in die Gegenwart Gottes ... Lies dann in einem religiösen Buch *(lectio)*, bis du auf ein Wort, einen Ausdruck, einen Satz stößt, der dich besonders anzieht ... Höre dann auf zu lesen. Die erste Stufe der Übung ist vorbei und die zweite Stufe *(meditatio)* beginnt ...
Nehmen wir als Beispiel einen meiner liebsten Abschnitte: Johannes 7,37f.
Du beginnst zu lesen:

»Am letzten Tag des Festes, dem großen Tag, stellte sich Jesus hin und rief: Wer Durst hat, komme zu mir, und es trinke, wer an mich glaubt. Wie die Schrift sagt: Aus seinem Innern werden Ströme von lebendigem Wasser fließen.«

Nehmen wir an, dass du beeindruckt bist von den Worten: »Wer Durst hat, komme zu mir, und es trinke, wer an mich glaubt.« (Jedenfalls geht es mir immer so.) Hier hört die *lectio* auf, und die *meditatio* beginnt.
Die *meditatio* verrichten wir nicht mit unseren Gedanken, sondern mit unserem Mund.
Wiederhole den Satz immer wieder – das kann innerlich geschehen; du brauchst die Worte nicht laut auszusprechen. Wichtig ist jedoch, dass du diese Worte immer wiederholst und deine Reflexion über ihre Bedeutung auf das absolute Minimum beschränkst. Im Grunde ist es besser, überhaupt nicht über sie nachzudenken. Du kennst die Bedeutung. Lass die Worte durch ihre ständige

Wiederholung in dein Gefühl und in deine Gedanken sinken, so dass sie Teil von dir werden ...
»Wer Durst hat, komme zu mir, und es trinke, wer an mich glaubt ...
Wer Durst hat, komme zu mir, und es trinke, wer an mich glaubt ...
Wer Durst hat ...«

Du schmeckst und kostest die Worte, während du sie wiederholst ... Wahrscheinlich wirst du den Satz automatisch verkürzen, und einmal jenen Ausdruck, dann einen anderen besonders beachten. »Wer Durst hat, komme zu mir ... Wer Durst hat ... Durst hat ... Durst hat ...«
Nach einer Weile wirst du die Worte genügend ausgekostet haben. Du fühlst dich von ihnen ausgefüllt; die Andacht, die ihnen innewohnt, hat dich angerührt. Jetzt sollst du die Meditation abschließen und das Gebet *(oratio)* beginnen.
Wie geschieht das? Entweder sprichst du spontan mit dem Herrn, in dessen Gegenwart du bist, oder du verweilst lange Zeit schweigend in seiner Gegenwart, erfüllt von der Gnade, der Andacht, die diese Worte in dir entfacht haben. Also könntest du ungefähr die Übung folgendermaßen fortsetzen:

>»Wer Durst hat ... Durst hat ... Durst hat ... Meinst du das wirklich so, o Gott? Willst du allen Menschen, die Durst haben, lebendiges Wasser zu trinken geben? Brauchen wir nur Durst zu haben, und du gibst uns zu trinken?
>Ist es gleichgültig, ob ich ein Sünder bin oder ein Heiliger, ob ich dich liebe oder nicht, ob ich dir treu gewesen bin oder nicht? Genügt es, dass ich ein durstiger Mensch bin – und dass ich zu dir komme? ...«
>Oder du kannst etwa so sprechen: »Wer Durst hat, komme zu mir ... komme zu mir ... komme zu mir ...« Ich bin durstig, Herr, also komme ich zu dir. Doch komme ich ohne Selbstvertrauen. So oft bin ich schon zu dir gekommen, und du hast meinen Durst nicht gelöscht.
>Was ist das für ein geheimnisvolles lebendiges Wasser, von dem du sprichst? Was hindert mich daran, es zu sehen und zu trinken? ...

Bete spontan auf diese Weise, oder verharre in liebendem Schweigen vor dem Herrn, solange es dir ohne Zerstreuung möglich ist. Wenn du bemerkst, dass es dir schwer fällt, die *oratio* ohne Zerstreuung aufrechtzuerhalten, setze die *lectio* fort, wo du sie unterbrochen hast, bis dir ein anderer Satz besonders auffällt ...

Oder wechsle zur *Bildmeditation* des Gekreuzigten, aus dessen durchbohrter Seite lebendiges Wasser ausströmt, s. zw. S. 184/185.

Der heilige Benedikt sagt: *Oratio sit brevis et pura.* »Gebet sei kurz und lauter.« Er meint mit »kurz« nicht die Zeit, die wir der Meditation und dem Gebet überhaupt widmen. Er meint die dritte Stufe dieser Gebetsmethode, *oratio*, der man sich nur so lange widmen soll, wie sie »lauter« ist, das heißt ohne Zerstreuungen. Wenn Zerstreuungen einsetzen, wird es Zeit für die nächste *lectio*. Die *oratio* wird für Anfänger meist kurz sein, weil sie es nicht gewohnt sind, sehr lange ohne Zerstreuungen zu beten.

Diese Gebetsweise eignet sich hervorragend zur Einführung in das Gebet des Herzens. Sie lässt den Verstand am Gebet teilnehmen und hält ihn so von Zerstreuungen fern. Gleichzeitig nimmt sie das Gebet vorsichtig vom diskursiven Denken und Reflektieren weg, hin zur Einfachheit und Herzensbeteiligung.

> Du, mein Gott
> Gib uns
> reinen Geist,
> damit wir dich sehen,
> demütigen Geist,
> damit wir dich hören,
> liebenden Geist,
> damit wir dir dienen,
> gläubigen Geist,
> damit wir dich leben.
>
> Du,
> den ich nicht kenne,
> dem ich doch zugehöre.
> Du, den ich nicht verstehe,
> der dennoch mich weihte
> meinem Geschick.
> Du –
>
> *Dag Hammarskjöld*

Gebetszeit mit einer Schriftstelle – nach Ignatius von Loyola

(nach: GCL-Werkmappe, Augsburg 1992)

Mich einfinden
Den Schrifttext wählen, mit dem ich beten will.
Mir den Raum schaffen.

Äußere Stille: An einem ruhigen Platz die Körperhaltung einnehmen, die mir jetzt hilft, wach da zu sein.
Innere Stille: Mir bewusst werden, dass ich ungestört Zeit habe für mich – vor Gott/Jesus Christus. Ich brauche nichts zu leisten. Ich darf da-sein mit meinem ganzen Sein, mit Körper, Geist und Seele, mit allem was mich beschäftigt, so wie ich jetzt bin – in Seiner Gegenwart.

Mich in meinem Leib wahrnehmen, den Atem strömen lassen, Störungen (Geräusche, Gedanken) ziehen lassen.

Mich aufmachen
Bitten, dass ich jetzt ganz ausgerichtet sei auf Gott, dass Sein Geist jetzt in mir bete.
Den Schrifttext lesen, mir den »Schauplatz«, die Atmosphäre vergegenwärtigen.
Erbitten, was ich jetzt wünsche/ersehne: vielleicht, dass Er mich ansprechen möge, dass ich Ihm begegnen darf – oder dass ich »nicht taub sei« für Sein Wort/Seine Einladung, sondern »voll Bereitschaft« – oder dass ich sehen darf, was Er mir mit dieser Schriftstelle für mein Leben zeigen will.

Verweilen
Den Schrifttext – vielleicht laut – langsam durchgehen:
Entweder Wort für Wort, Satz für Satz »verkosten«; oder mich in das Geschehen hineinbegeben, es auf mich wirken lassen, innerlich daran teilnehmen, schauen, hören, sprechen, glauben …

Bei dem bleiben, wo ich angesprochen bin (das kann ein einziges Wort sein), es einsinken lassen, mich betreffen lassen … Wenn mich nichts betrifft: aushalten, warten, hoffen …

Kreuz-Bildmeditation

Dieses Kreuz ist es, das Franz von Assisi in der Kirche
San Damiano anschaute. Vielleicht sollte man eher sagen:
Der Gekreuzigte schaute ihn an; denn seitdem lebte Christus als der
Gekreuzigte in ihm. Die Legende sagt, er habe aus dessen Mund vom Kreuz
herab den Auftrag vernommen, Gottes Haus wiederherzustellen.
Das Leben des Heiligen gibt Zeugnis dafür, welche Kraft nicht nur von den
Worten des Evangeliums, sondern auch von einem Bild ausgehen kann,
wenn ein empfänglicher Mensch sich darin vertieft.
Drei Szenen sind kunstvoll ineinander gefügt. Beherrschend ist die Gestalt
des Gekreuzigten. Zeugen sind Maria und Johannes, zwei andere Frauen,
der Hauptmann, zwei Männer, die Henkersknechte,
die Spötter aus dem Volk. Über alle jedoch sind Jesu Arme
mit einladender Geste weit ausgebreitet.
Hinter den Armen des Gekreuzigten dehnt sich über die ganze Länge des
Querbalkens schwarz das leere Grab. An den Schmalseiten stehen Frauen,
die zum Grab kommen,
um den Leichnam Jesu zu salben (Mk 16,1-7). Zwei Engelpaare verkünden
mit lebhaften Gebärden die Osterbotschaft: »Was sucht ihr den, der lebt,
bei den Toten?« (Lk 24,5)
Oberhalb steigt der Herr im purpurnen Strahlenkranz,
umgeben von himmlischen Wesen, zum Vater auf.
Unten am Schaft des Kreuzes ist noch andeutungsweise die Schar
der Apostel zu erkennen.

Franziskus-Kreuz von San Damiano
Umbrisch-byzantinisch. Ende 12. Jahrhundert
(nach: Schulbibel, a.a.O., S. 305)

Ins Gespräch kommen
Anknüpfen an dem, was ich zu Beginn als Wunsch/Sehnsucht ausgesprochen habe, versuchen, mit Ihm – wie Er hier spricht oder handelt – ins Gespräch zu kommen: danken, fragen, loben, bitten ... z.B. um Entschlossenheit, Schritte in die Richtung zu tun, die ich sehe ...

Rückschauen
Nach der Gebetszeit sehen, wie es mir ergangen ist, was in mir nachklingt. Vielleicht einiges davon mir auch aufschreiben.

Beten mit »geliehenen« Worten

Üben heißt: der Sehnsucht nach Gott ein Gewand geben. Eines dieser Gewänder sind auch die geprägten Formelgebete. Einen wertvollen Schatz solcher Gebete enthält z.B. die Bibel mit ihren Psalmen oder das »Gotteslob« (Katholisches Gebet- und Gesangbuch) besonders auf den Seiten 19-78.
Im Folgenden finden Sie zwei »Methoden«, mit deren Hilfe solche geliehenen Worte zu Ihrem ganz persönlichen Gewand des Übens werden können:

Übung I

Werde dir Gottes Gegenwart bewusst ... Sprich dann einen Gebetstext, indem du dich vollkommen auf die Worte konzentrierst, die du sprichst, und auf die Person, zu der du sprichst.
Nehmen wir an, du wählst das Vaterunser. Sprich es vollkommen konzentriert von Anfang bis zum Ende.
Wenn du an einer Stelle zerstreut wirst, kehre zu dem Wort oder Satz zurück, bei dem du zerstreut wurdest, und wiederhole Wort und Satz, falls notwendig immer wieder, bis du beim Sprechen vollkommen gesammelt bist.
Nach dem Sprechen wiederhole dasselbe Gebet immer wieder. Oder wähle ein anderes Gebet aus.

Übung II

Hier ist eine andere Möglichkeit, das mündliche Gebet zu üben. Sprich ein bestimmtes Gebet oder einen Psalm und beachte, welche Worte dir leicht über die Lippen kommen und welche dich am wenigsten ansprechen.
Hier ist ein Beispiel:

Der Herr ist mein Hirte,
nichts wird mir fehlen.
Er lässt mich lagern auf grünen Auen
und führt mich zum Ruheplatz am Wasser.
Er stillt mein Verlangen;
er leitet mich auf rechten Pfaden,
treu seinem Namen.
Muss ich auch wandern in finsterer Schlucht,

ich fürchte kein Unheil;
denn du bist bei mir,
dein Stock und dein Stab geben mir Zuversicht.

Du deckst mir den Tisch
vor den Augen meiner Feinde.
Du salbst mein Haupt mit Öl,
du füllst mir reichlich den Becher.
Lauter Güte und Huld werden mir folgen
mein Leben lang,
und im Haus des Herrn
darf ich wohnen für lange Zeit.

(Psalm 23)

Wähle die Zeile des Psalms aus, die dir am meisten zusagt, die dir am leichtesten über die Lippen kommt.
Wiederhole diese Zeile immer wieder ...
Laß deinen hungrigen Geist sich daran sättigen.
Du kannst noch eine oder zwei weitere Zeilen, die dich besonders anziehen, auswählen.

Wähle nun die Zeile aus, die dich am wenigsten anspricht ...
Wiederhole diese Zeile immer wieder, und achte darauf, was du fühlst.
Was geschieht mit dir, wenn du diese Zeile aussprichst?
Was sagt diese Zeile über dich oder über deine Beziehung mit Gott aus?
Bete dann spontan zu Gott über die Angelegenheit.

(nach: Anthony de Mello, Beten mit Leib und Seele,
Butzon und Bercker, S. 142-144)

> Wir können nur mit Gott reden, wenn
> wir unsere Arme, so gut wir können,
> um die Welt legen, das heißt, wenn wir
> Gottes Wahrheit und Gerechtigkeit in
> alles hineintragen.
>
> *Martin Buber*

4 Mit Gefährten unterwegs

Impulse für die Gestaltung von Gruppentreffen

In einer Stadt wohnten nur blinde Menschen. Keiner hatte je sehen können. Eines Tages wurde ein Elefant in die Stadt gebracht. Die Bewohner kamen neugierig zusammen, weil sie erfahren wollten, wie ein Elefant wirklich ist. Keiner war je einem Elefanten begegnet, keiner hatte ihn berührt – so rannten denn viele los, um ihn zu finden.

Einige kamen heran, tasteten an ihm herum und versuchten, durch Berührung Auskunft über seine Eigenart zu bekommen. Und wer mit ihm in Berührung kam, erfuhr auch etwas von ihm, aber nur von dem Körperteil, den er berührt hatte.

So kehrten sie wieder in die Stadt zurück, es bildeten sich Guppen von Neugierigen. Die etwas erfahren hatten, sollten erzählen, was sie mit ihren Händen ertastet hatten. »Wie sieht er aus, der Elefant«, so fragten sie, »welche Gestalt hat er?«

Ein Mann hatte eines der mächtigen Ohren berührt, und er antwortete: »Der Elefant ist ein großes rauhes Ding, weit ist es und breit wie ein Reiseteppich.«

Ein anderer hatte den Rüssel berührt, er sagte, »Mich müßt ihr fragen, ich habe ihn erlebt; er ist eine gerade, hohle Röhre, voller Kraft ist er, dass jeder erschrecken muss.«

Ein dritter hatte die Beine und Füße berührt, er sagte: »So mächtig ist er und fest wie eine Säule.«

So hatte jeder etwas erfasst und den anderen mitgeteilt. Und doch hatte keiner den ganzen Elefanten begriffen und war deshalb in die Irre geleitet worden. Jeder hatte seinen kleinen Ausschnitt für das Ganze gehalten, aber nicht bemerkt, wie bruchstückhaft sein Wissen war, wie einseitig seine Kenntnis.

Chancen von Gruppentreffen im Anschluss an Exerzitien im Alltag

Für viele Exerzitienteilnehmer/innen waren die Gespräche in den Gruppen, die Erfahrung von gemeinsamem Beten und Tun eine neue oder eine wichtige Erfahrung in den Exerzitien. Diese Erfahrung einer Weggemeinschaft von Gleichgesinnten fortzusetzen, ist deshalb oft ein großer Wunsch. Dabei besteht keine Notwendigkeit, dass möglichst alle Exerzitienteilnehmer/innen mitmachen müssen!

Solche Gruppentreffen geben die Möglichkeit:
sich immer wieder auszutauschen über Erfahrungen, Bemühungen auf dem Weg mit Gott und Menschen im Alltag der letzten Zeit,
in den Gesprächen Ermutigung und Klärung zu finden, einander zu bestärken und zu fördern,
neue Impulse zu bekommen für nächste Schritte,
Weggemeinschaft des Glaubens zu erleben (Volk Gottes unterwegs).

Grundbedingung für diese Treffen:
Eine klare Übereinkunft über das Thema und die Regeln (z.B. Leitung, Zeit, Abstände).

Helfende Umstände

- ein einfach, aber liebevoll hergerichteter Raum (Stuhlkreis, gestaltete Mitte ...)
- eine angenehme Raumtemperatur
- eine freundliche Beleuchtung
- nicht zu viele Teilnehmer/innen zu Austauschgesprächen (evtl. Untergruppen)
- sorgfältig vorbereitete Materialien (Liedblätter ...)

Möglicher Aufbau der meditativen Treffen

1. Zeit zum Ankommen:

Lied, Gebet oder Übung, lockeres »Einratschen« oder kurzes »Blitzlicht«: woher komme ich jetzt (z.B. Kinder ins Bett gebracht, Abendessen, direkt aus dem Büro...)

2. Vorstellungsrunde

(Evtl. mit »Blitzlicht« verknüpft) immer, wenn jemand neu dazukommt

3. Thema – Austausch im Gespräch

4. Vorschläge/Planung für ein weiteres Treffen

5. Abschluss: Beten, Singen, Segen...

6. Evtl. entspanntes Zusammensitzen bei Brot und Wein.

Inhaltliche Gestaltung (Thema)

Thema der Gruppentreffen wird meist der Austausch über den persönlichen Übungsweg sein. Eventuell sind auch die Erfahrungen mit *einer* Übung, auf die sich alle geeinigt hatten, das Thema (z.B. »Ein Blick auf die Drehpunkte des Lebens« oder »Im Buch meines Lebens lesen«). Für das Gespräch kann es hilfreich sein, zuvor miteinander eine Rückblick-Übung zu machen, etwa in folgender Weise:

> Begleittreffen im Lauf des Jahres

Übung I: Rückblick

Stillwerden

Impuls

Von einem Gruppenmitglied laut gesprochen:

Ich stelle mir vor, auf einem Hügel zu sitzen. Von hier aus kann ich meine Lebenslandschaft der zurückliegenden Zeit überblicken. Ich schaue ganz offen und gelöst auf diese Landschaft. Ich suche nichts Bestimmtes, sondern nehme nur wahr, was sich mir zeigen will: Orte, Erlebnisse, Gefühle, Gedanken, Übungssituationen ...
Ich verweile dort länger, wo ich gerne möchte, und versuche, das Vergangene so lebendig wie möglich zu erinnern. Ich beschließe die Übung mit einem persönlichen stillen Gespräch mit Gott.
(Zeit für die gesamte Übung: 15 - 25 Minuten)

Austausch

Halten Sie Ihre Erfahrung einmal in ein paar kurzen Notizen fest.

Übung II: Rücklick bei einem ersten Treffen nach Exerzitien im Alltag

Für diese Übung sind einige Gegenstände vorzubereiten: Eine Schale mit Waser, ein großer Stein, einige Dornen, eine Vase mit Blumen oder ein kleiner blühender Blumenstock, eine große Kerze.

Einführung

Während der Exerzitien haben Sie vielfältige Erfahrungen gemacht. Sie haben sich auf einen Weg gemacht, sich um eine regelmäßige Gebetszeit bemüht, haben Beziehungen aufgenommen zu Bibeltexten, sind vielleicht neu mit Gott ins Gespräch gekommen, haben helle und dunkle Seiten ihres Lebens angeschaut, haben sich erinnert an einige Aspekte ihrer Lebensgeschichte, die nicht so präsent waren, haben vielleicht ihren Alltag in einem neuen Blickwinkel gesehen oder Ihre Beziehungen ... Nicht alles war gleich wichtig. Und bei manchem entdecken Sie vielleicht erst im Nachhinein, dass es prägend war.
In dieser Übung möchten wir noch einmal auf die Exerzitien zurückschauen und mit Hilfe von Symbolen einige Aspekte lebendig werden lassen.

Anmerkung: Die Symbole können in der Gruppe im Kreis herumgegeben werden oder gut sichtbar für alle jeweils in die Mitte gestellt werden.

> *Wasser*
>> Frisch, lebendig, die Antwort auf Durst ...
>> Kann stehen für meine Erwartung: wie tief die Sehnsucht nach Leben, nach Gott sein kann ... oder für die Erfahrung, dass Durst gestillt worden ist.
>
> *Stein*
>> Schwer, kantig, Last...
>> Kann stehen für die Erinnerungen an Schweres, auch die Erleichterung, etwas lassen zu dürfen ...

Dornen
>Stachlig, können verletzen, ein Schutz sein, Schmerz auslösen ...
>Können verbunden sein mit der Erfahrung von Ängsten, Zweifeln, Schmerzen, die in den Exerzitien aufgetaucht sind.

Blume
>Etwas Neues ist aufgeblüht, etwas Lebendiges ist entstanden, etwas, das Freude macht, das Gewachsene ... Auch in den Exerzitien gab es so etwas ...

Kerze
>Das Licht in der Dunkelheit, trotz aller Verletzlichkeit stärker als die Nacht ...
>Es kann stehen für meinen Blick auf eine neue Perspektive von meinem Leben, für eine Seite Gottes, die ich neu entdeckt habe, für sein Licht ...

Lassen Sie die Gegenstände alle in Ruhe auf sich wirken. Spüren Sie nach: Welches Symbol spricht mich am meisten an ... mit welcher Erinnerung verknüpfe ich es ...?
Jede/r möge sich jetzt zu dem Gegenstand stellen, mit dem er/sie eine wichtige Erinnerung verknüpft. In diesen Gruppen besteht jetzt die Möglichkeit sich auszutauschen.

Abschluss im Plenum

Angebot, über die Erfahrung dieses Abends etwas zu sagen, Planung von evtl. weiteren Treffen.

Gebetsabschluss mit Bitt- und Dankgebet.

Halten Sie Ihre Erfahrung einmal in ein paar kurzen Notizen fest.

Übung III: Bibel-Teilen

Eine andere gute Möglichkeit für thematische Gestaltung von Gruppentreffen ist das *Bibel-Teilen*.

Ziel des – in Afrika entstandenen und inzwischen weltweit verbreiteten – Bibel-Teilens ist es, das Wort Gottes in der Heiligen Schrift mit dem eigenen Leben in Beziehung zu bringen. Der Lebenszusammenhang eines biblischen Textes und der Lebenszusammenhang der Leser sind dabei bedeutsam. Wer sich in den von der Bibel angestoßenen Prozess hineinnehmen lässt, für den wird die Bibel zur Offenbarung.

Das Bibel-Teilen kann einer Gruppe tiefe geistliche Erfahrungen und Impulse vermitteln, wenn die Teilnehmer bereit sind,

- auf das Wort Gottes intensiv zu hören und daraus im Alltag zu handeln;
- aufeinander zu hören und das Gehörte gelten zu lassen;
- ihre Betroffenheit und Erfahrungen einzubringen.

Auf diese Weise kann der Geist Gottes »zu den Gemeinden sprechen« (Offb. 3,22).

Exegetische Fragen, die beim Bibel-Teilen auftreten, können bei einem gesonderten Treffen einem Fachmann vorgelegt werden.

Das Wort der Hl. Schrift soll unsere eigene Sicht nicht nur bestätigen, sondern stets auch korrigieren. Deshalb ist bei häufigerem Bibel-Teilen eine fortlaufende Lesung oder eine Orientierung an den liturgischen Texten denkbar. Für die Textauswahl kann auch der Bibelleseplan des Kath. Bibelwerks eine Hilfe sein (Kath. Bibelwerk e.V., Silberburgstr. 121, 70176 Stuttgart).

Die sieben Schritte

1. Einladen

Wir werden uns bewusst, dass der Herr in unserer Mitte ist und öffnen uns für seine Gegenwart.

Als Einstimmung eine Weile schweigen oder ein Lied singen. Die Teilnehmenden womöglich zu einen persönlichen Gebet einladen.

2. Lesen

Wir schlagen in der Heiligen Schrift die entsprechende Stelle auf und eine/einer aus der Gruppe liest sie langsam vor.

Der Text könnte aus einer anderen Bibelübersetzung noch einmal vorgelesen werden.

3. Verweilen

Wir lassen das Gehörte in uns nachklingen und sprechen einzeln Worte oder kurze Sätze, auf die wir aufmerksam geworden sind, laut aus. Danach liest jemand den Text noch einmal im Zusammenhang.

Es ist im Sinne des Verweilens, wenn eine Stelle mehrmals gesprochen wird und zwischen den Beiträgen kurze Besinnungspausen liegen.

4. Schweigen

Wir schweigen für einige Minuten und lassen in der Stille Gott zu uns sprechen: einfach offen sein für Ihn, auf Ihn warten, bei Ihm sein – nicht eigenen Gedanken nachgehen.

Die Angabe und Einhaltung der Zeitdauer (5 Minuten oder mehr) verleiht innere Ruhe. Die Einzelnen könnten das wichtig gewordene Wort innerlich wiederholen oder sich das Geschehen bildhaft vorstellen.

5. Austausch = Mitteilen und Hören

Wir tauschen uns darüber aus, welches Wort uns persönlich angesprochen und was daran uns im Herzen berührt hat.

In Ich-Form sprechen, erleichtert das persönliche Sich-Mitteilen. Wenn das Sich-Mitteilen in einem Beitrag nicht gelingt: einfach annehmen, ohne weiter darauf einzugehen.

6. Handeln

Wir bedenken miteinander die Folgen für unser Beten und Handeln.

Bei regelmäßigem Bibel-Teilen sollte zunächst nach der Auswirkung des letzten Bibel-Teilens im Alltag gefragt werden.

❑ Was ist heute für mein Leben wichtig geworden. Was nehme ich mit?
❑ Ergibt sich aus dem heutigen Text oder allgemein aus dem Geist des Evangeliums eine Aufgabe für Einzelne oder die Gruppe?

In diesem Fall kann ein eigenes Treffen hilfreich sein.

7. Beten

Wir beten miteinander. Alle sind eingeladen, frei und persönlich Lob, Dank, Bitten, Fürbitten, Fragen ... anzusprechen.

Abschluss mit einem gemeinsamen Gebet oder Lied

Halten Sie Ihre Erfahrung einmal in ein paar kurzen Notizen fest.

5. Schwierigkeiten auf dem Weg

»Ich kann mich nicht konzentrieren«

Diese Erfahrung macht, wer zu beten versucht, besonders beim Gebet der Stille. Zu den Grundhaltungen beim Beten gehört auch eine gewisse Gelassenheit, die sich mit dem zufrieden gibt, was im Augenblick möglich ist, und sich nicht über das ärgert, was ich jetzt nicht zuwege bringe. Wenn Sie merken, dass Sie unkonzentriert sind, sagen Sie einfach »jetzt denke ich« oder »ich bin abgeschweift« und kehren Sie dann zu Ihrer Übung zurück.

»Ich habe Schwierigkeiten mit Ort, Zeit und Umständen«

Nehmen Sie auch diese Schwierigkeit als Übung an. Die Mühe um diese Dinge gehört ganz wesentlich zum Übungsweg der Exerzitien. Resignieren Sie nicht und verurteilen Sie sich nicht. Nehmen Sie es an, wie es eben ist und bemühen Sie sich immer wieder von neuem. Insgesamt geht es ja darum, dass Ihr ganzes Leben zum Übungsweg wird. Vielleicht liegt Ihre Not mit Zeit und Ort darin begründet, dass Sie das gewissermaßen als zusätzlichen Tagesordnungspunkt in Ihr bisheriges Leben reinpressen wollen. Wenn Sie mit Phantasie hinschauen, werden Sie sicher eine Lösung finden.
Wenn sich bestimmte Störungen einfach nicht vermeiden lassen (z.B. indem Sie bei Mitbewohnern um Rücksichtnahme und Verständnis werben oder das Telefon aushängen), dann versuchen Sie einmal mit diesen Störungen zu üben. Wenn Lärm sich nicht abschalten lässt, dann üben Sie eben mit dem Lärm. Ganz Ohr sein für den Lärm. Sonst nichts. Oder wenn die Kinder immer wieder etwas von Ihnen wollen, dann seien Sie bei ihnen in der gleichen Sammlung, wie vorher beim Gebet. Dann ist es keine Störung des »Eigentlichen«, sondern der Alltag als Übung.

»Manchmal mag ich nicht«

Es könnte sein, dass Sie mit zunehmender Dauer eine ausgesprochene Abneigung zum Üben, Besinnen, Beten entdecken, obwohl Sie sich anfänglich danach gesehnt haben.

Das ist völlig normal. Denn letztendlich bedeutet alles Beten einen Angriff auf unser Ich, auf die Haltung, mit der wir nur uns selbst im Sinn haben. Wir wollen Spaß haben und keine Langeweile und auch nicht leiden. Mit den Worten Jesu bedeutet Beten: sich selbst verleugnen, sterben. Das mag unser Ich nicht. Es fürchtet, zu kurz zu kommen.

Da können wir uns nur annehmen, wie wir sind – nichts beschönigen, es vor uns selbst und vor Gott ehrlich zur Sprache bringen. Und wir sollten trotzdem weiterüben. Das ist genug. Gott wirkt in der Tiefe und da geschieht mehr, als wir bewusst wahrnehmen ...

»Mit dem Tagesrückblick komme ich nicht zurecht«

Vielleicht mögen Sie den Tagesrückblick nicht, weil Sie ihn missverstehen als Suche nach Fehlern, Mängeln oder Schuld. Aber es geht bei dieser Übung nicht darum zu werten und schon gar nicht darum, Schuldgefühle zu züchten. Nur das ist wichtig: den Tag anschauen und annehmen, so wie er war.

Gut ist der Tag nicht deshalb, wie er war, sondern weil er war. Jeder Tag ist ein Geschenk. Er ist uns zum Leben anvertraut. Wie er gelaufen ist, legen wir ihn Gott in die Hand. Er nimmt uns an, wie wir sind.

»Ich erlebe so viele Stimmungsschwankungen«

Es kann durchaus sein, dass Sie in den Wochen öfter Stimmungsschwankungen unterworfen sind, dass Sie sich öfter einmal verletzt fühlen, schneller zornig werden oder den Tränen näher. Das könnte auch mit dem Üben zusammenhängen. Die regelmäßigen Zeiten der Stille, ein achtsamer Umgang mit dem Leben macht feinfühliger, empfindsamer. Wo sonst Aktivitäten manches überlagern, wird es durch das Innehalten deutlicher spürbar.

Vielleicht kommt noch dazu, dass Sie sich in den Betrachtungszeiten auch mit Ihrer Sehnsucht, mit Verlorenem und Dunklem (Schuld, Unvermögen, Schmerz) auseinandersetzen. Es ist eine wichtige geistliche Aufgabe, diese Seiten von uns selbst wahrzunehmen und anzunehmen, d.h. in Geduld damit zu leben und es Gott hinzuhalten – er trägt es mit, liebt uns so, wie wir sind und hat die Kraft zur Verwandlung. Gehen wir liebevoll mit uns um und behutsam mit unseren Mitmenschen, die unsere Empfindlichkeiten zu spüren bekommen.

So weit ein Blick auf einige Schwierigkeiten. Er konnte bestimmt nicht alle Anliegen, Fragen und Probleme klären, die Sie haben. Wenn Sie etwas besonders bedrängt, suchen Sie ein Gespräch mit einer Person Ihres Vertrauens.

Auf eine grundsätzliche Verhaltensweise möchten wir Sie aber noch hinweisen: Wie immer es Ihnen auch ergeht – beurteilen und verurteilen Sie nichts und niemanden, besonders nicht sich selbst.
Haften Sie weder an Schönem noch an Belastendem.
Nehmen Sie alles an wie es ist und strecken Sie sich immer wieder neu aus nach dem Gott, der alles Begreifen übersteigt.

Aus: Monika Hirschauer/ GüntherLohr/ Jan Sedivy, Gott finden im Alltag. Exerzitien zu Hause. Verlag Herder, Freiburg 1996, S. 111-114
Hier auch ausführliche Modelle zu Exerzitien im Alltag in der Erzdiözese München/ Freising aus dem Jahr 1995.

> Auf dem Weg in die Nähe Gottes heißt es,
> anfangs zu kämpfen und viel dafür zu tun;
> dann aber ist die Freude unbeschreiblich.
>
> *Amma Synclectica*

6. Geistliche Begleitung

Am Fluss des Lebens – Perlen verschenken

Ein junger Hindu hatte gehört, dass in Rishikesh, im Norden Indiens, ein Einsiedler und Weiser mit dem Namen Ananda lebe. Was er gehört hatte, faszinierte ihn so, dass er gerne Ananda zu seinem spirituellen Meister haben wollte.

So machte er sich auf den Weg und fand Ananda auch am Ufer des Ganges sitzend in der Nähe Rishikeshs, dort, wo der Ganges den Himalaya in eisig kalten Wirbeln und Fluten verlässt.

Ananda fragte den jungen Mann vieles und sie blickten lange auf die vorüberrauschenden Wassermassen des Ganges.

»Wirst du mein Meister sein?«, fragte am Ende der junge Hindu. »Was ist es dir wert?«, war die Gegenfrage Anandas. Ohne Zögern sagte der junge Hindu dem alten Weisen: »Du kannst das Schönste und Wertvollste haben, was ich besitze. Ich habe hier sieben kostbare Perlen, die mir meine Mutter als Wegzehr fürs Leben mitgegeben hat. Nimm sie, wenn Du mein Meister sein willst.« »Gibst du sie wirklich?« »Ja liebend gern!«, sagte der junge Hindu zum Weisen.

»So gib mir die Perlen!«

Und vorsichtig holte der junge Hindu aus einem Reisetuch den kleinen Schatz, öffnete den Knoten seines Tuches, nahm die sieben wunderschön im Sonnenlicht glänzenden Perlen und legte sie Ananda in die offene Hand.

Der nahm sie, sah sie kurz im Licht aufleuchten; ein fragender Blick ging zu dem jungen Mann; dann drehte Ananda die Hand nur leicht über den Fluten des Wassers und die Perlen entglitten der bergenden Hand und verschwanden im rauschenden Wasser des Flusses.

Als der junge Mann dieses sah, zuckte es in ihm und er wollte aufschnellen, um rasch den Perlen in den Fluss nachzuspringen. Doch die Fluten waren zu schnell – und die Hand des Meisters hielt den jungen Mann zurück.

»Ein Erstes ist«, sagte Ananda zum jungen Mann »zu verspüren, was es bedeutet, etwas wegzugeben. Und viele weitere Schritte sind wichtig, um wirklich frei zu werden.«

Was ist geistliche Begleitung?

Wer sich dem Weg der Exerzitien (im Alltag) weiter anvertrauen will, kann dies in guter Weise tun, wenn er sich geistlich begleiten lässt. Dabei geht es nicht darum, in regelmäßigen Abständen ein religiöses Gespräch zu führen, wie dies beispielsweise bei einem Bibelgespräch geschieht; auch Supervision ist nicht das Anliegen einer solchen geistlichen Begleitung. Denn diese möchte eher im Bereich des Arbeitsfeldes das eigene (sich äußernde) Verhalten reflektieren. Und es geht nicht um ein Beichtgespräch, bei dem ja in der Regel eigenes Ungenügen und Versagen im Vordergrund stehen (dass ein Beichtgespräch auch einmal den Charakter einer geistlichen Begleitung haben kann, ist selbstverständlich).
Geistliche Begleitung möchte dazu dienen, dass wir immer neu und intensiver die »Unterscheidung der Geister« erlernen. Das heißt, ich erzähle dem geistlichen Begleiter – etwa im Abstand von vier bis acht Wochen –, was ich empfinde und was mich bei dieser oder jener Begebenheit bewegt. Was haben meine Freude, meine Trauer, was haben meine Blockierungen oder meine Sehnsüchte mit meinem Weg mit Gott zu tun? Wo fühle ich mich frei, wo empfinde ich in mir Not und Nötigung? Wie gehe ich damit um und was sagt mir dies alles im Angesicht Gottes?

Die Rolle des Begleiters

Der Begleiter ist daher keiner, der mich lenkt oder mir Vorschriften macht. Nicht er gibt das Thema vor. Er will mir durch seine Fragen nur dazu verhelfen, dass ich selbst die Kräfte, die in mir wirken, zu unterscheiden lerne und fruchtbar für meinen eigenen Weg mache, gleichgültig ob sie beispielsweise aus Freude oder Niedergeschlagenheit stammen.

Auf dem Weg zur Unterscheidung der Geister

Daher ist geistliche Begleitung ein Weg, um mich und meine Welt richtig aufzunehmen und annehmen zu können. Es geschieht im Zulassen und Hinhören auf eigene Sehnsüchte und innere Kräfte. Ich werde achtsam auf mich und das Wirken Gottes in meinem Alltag. So findet mein Leben eine deutliche Ordnung.

Prozess der Begleitung

Daher wird der geistliche Begleiter uns ermutigen, das anzusehen und auszusprechen, was im Inneren unseres Lebens vorgeht. Um dies zu ermöglichen, lädt er ein, unsere eigene kontemplative (schauende/wahrnehmende) Haltung zu fördern, innere Widerstände wahrzunehmen und daran zu reifen. Er möchte uns helfen, innerlich angerührt zu sein – oder dies zuzulassen – und aus dieser Bewegtheit des Herzens entscheiden zu lernen. Denn Unterscheidung der Geister meint nicht nur, etwas wahrzunehmen, sondern es auch wahr werden zu lassen: gute Erfahrungen zur eigenen Bewährung und Bewahrheitung zu führen.

Mit Christus leben

Dabei ist ein geistlicher Begleiter eigentlich nur der Weggefährte und Begleiter für das, was den Jüngern auf dem Weg nach Emmaus widerfährt: Es geht nicht um irgendeine Begleitung, sondern um die Wahrnehmung: Christus begleitet uns! Mit seinen Augen dürfen wir unser Leid und unsere Freude wahrnehmen und dann sagen: Brannte nicht unser Herz – um so gestärkt wieder hineinzugehen in einen Alltag, der nicht mehr nur Karfreitag, sondern auch Ostersonntag sein will.

Wer begleitet mich?

Ich muss – wie in der einleitenden Erzählung – selbst jemand suchen, der mich geistlich begleitet. Dazu sind heute viel mehr Menschen in der Lage, als wir es vielleicht vermuten möchten. Natürlich gibt es Priester oder Ordenschristen, Frauen und Männer, die aus ihrem eigenen spirituellen Weg heraus gelernt haben, zuzuhören und fragend zu Deutungen zu verhelfen. Aber es gibt auch Pastoralreferentinnen und -referenten, Gemeindereferentinnen und -referenten oder solche, die in geistlicher Begleitung eine Ausbildung erfahren haben oder selbst auf dem Weg der Exerzitien schon länger Erfahrungen gesammelt haben. Nicht der Meister ist hier nötig, sondern einer, der selbst suchend und sensibel auf dem Weg ist und sich frei genug weiß, nicht seinen eigenen Weg, seine eigenen Erfahrungen einem anderen überzustülpen. Denn Gottes Weg ist der Weg der inneren Freiheit.

Es ist sinnvoll, zu Beginn einer geistlichen Begleitung mit jenem, den man gewählt hat, über die eigenen Erwartungen zu sprechen. Und es ist wichtig, dass der Begleitete wie der Begleiter die Freiheit behalten, sich auch wieder voneinander zu verabschieden.
(Vgl. Klemens Schaupp, Gott im Leben entdecken, Einführung in die geistliche Begleitung, Würzburg 1994)

7. Exerzitienangebote

In der Erzdiözese München und Freising finden Sie Exerzitienangebote in dem halbjährlich erscheinenden Prospekt
»Exerzitien – Meditation – Besinnung«.
Zu beziehen: in der Kirche, in Ihrem Pfarrbüro oder bei

Erzbischöfliches Ordinariat
Seelsorgereferat Abt. III
Exerzitiensekretariat
Rochusstr. 5, 80333 München, Tel: 089/2137-1242

Ein Schüler fragte den Rabbi Baalschem:

»Wie geht das zu, dass einer, der an Gott hängt und sich ihm nahe weiß, zuweilen eine Unterbrechung und Entfernung erfährt?«
Der Baalschem erklärte:
»Wenn ein Vater seinen kleinen Sohn will gehen lehren, stellt er ihn erst vor sich hin und hält die eigenen Hände zu beiden Seiten ihm nah, dass er nicht falle, und so geht der Knabe zwischen den Vaterhänden auf den Vater zu. Sowie er aber zum Vater herankommt, rückt er um weniges ab und hält die Hände weiter auseinander, und so fort, dass das Kind gehen lerne.«

Martin Buber

Diese Handreichung wurde herausgegeben vom Erzbischöflichen Ordinariat, Seelsorgereferat Abt. III, Exerzitiensekretariat, Pastoralreferent Günther Lohr, und abgedruckt mit freundlicher Genehmigung des Seelsorgereferates der Erzdiözese München und Freising.
An der Erstellung haben mitgewirkt: Jörg Dantscher SJ, Anne Granda, Monika Hirschauer, Michaela Holzner MSsR, Günther Lohr, Jan Sedivy, Margarita Ueffing u.a.

Hinweis:
Weitere Exerzitienangebote sind zu finden in:
– Christliche Meditation im süddeutschen Raum. Halbjährlich erscheinender Prospekt. Hrsg. von Maria Brunnhuber, Kardinal-Döpfner-Haus, Domberg 27, 85354 Freising, Tel.: 08161/181144.

– Meditieren – wie und wo. Ein Führer mit 500 Adressen von Lehrern, Häusern und Zentren. Hrsg. von Peter Raab, Herder, Freiburg ^{2}1996.

Weitere für Ihre persönlichen Exerzitien im Alltag wichtigen Adressen:

Schrifttextvorschläge für die Feste im Jahreskreis

Vorbemerkung: Diese Schrifttexte eignen sich nach den Modellen der Schriftmeditation (S. 39-42, 181-185) und nach den Schritten der einzelnen Tage, siehe S. 32-39 und der 1. Klappe des Umschlags, meditiert zu werden.

Christi Himmelfahrt

Seid gewiss: Ich bin bei euch alle Tage bis zum Ende der Welt.

Mt 28,20b

Pfingsten

Am letzten Tag des Festes, dem großen Tag, stellte sich Jesus hin und rief: Wer Durst hat, komme zu mir, und es trinke, wer an mich glaubt. Wie die Schrift sagt: Aus seinem Inneren werden Ströme von lebendigem Wasser fließen. Damit meinte er den Geist, den alle empfangen sollten, die an ihn glauben; denn der Geist war noch nicht gegeben, weil Jesus noch nicht verherrlicht war.

Joh. 7,37-39

Dreifaltigkeitssonntag

Gott hat die Welt so sehr geliebt, dass er seinen einzigen Sohn hingab, damit jeder, der an ihn glaubt, nicht zugrunde geht, sondern das ewige Leben hat. Denn Gott hat seinen Sohn nicht in die Welt gesandt, damit er die Welt richtet, sondern damit die Welt durch ihn gerettet wird. Wer an ihn glaubt, wird nicht gerichtet; wer nicht glaubt, ist schon gerichtet, weil er an den Namen des einzigen Sohnes Gottes nicht geglaubt hat.

Joh 3,16-18

Fronleichnam

In jener Zeit sprach Jesus zu der Menge: Ich bin das lebendige Brot, das vom Himmel herabgekommen ist. Wer von diesem Brot isst, wird in Ewigkeit leben. Das Brot, das ich geben werde, ist mein Fleisch, ich gebe es hin für das Leben der Welt.

Joh 6,51

Verklärung des Herrn

Hinweis: Siehe auch Bildmeditation, zw. S. 104/105
In jener Zeit nahm Jesus Petrus, Jakobus und Johannes beiseite und führte sie auf einen hohen Berg, aber nur sie allein. Und er wurde vor ihren Augen verwandelt; seine Kleider wurden strahlend weiß, so weiß, wie sie auf Erden kein Bleicher machen kann. Da erschien vor ihren Augen Elija und mit ihm Mose, und sie redeten mit Jesus. Petrus sagte zu Jesus: Rabbi, es ist gut, dass wir hier sind. Wir wollen drei Hütten bauen, eine für dich, eine für Mose und eine für Elija. Er wusste nämlich nicht, was er sagen sollte; denn sie waren vor Furcht ganz benommen. Da kam eine Wolke und warf ihren Schatten auf sie, und aus der Wolke rief eine Stimme: Das ist mein geliebter Sohn; auf ihn sollt ihr hören. Als sie dann um sich blickten, sahen sie auf einmal niemand mehr bei sich außer Jesus. Während sie den Berg hinabstiegen, verbot er ihnen, irgend jemand zu erzählen, was sie gesehen hatten, bis der Menschensohn von den Toten auferstanden sei. Dieses Wort beschäftigte sie, und sie fragten einander, was das sei: von den Toten auferstehen.

Mk 9,2-10

Mariä Aufnahme in den Himmel

Maria sagte: Meine Seele preist die Größe des Herrn, und mein Geist jubelt über Gott, meinen Retter. Denn auf die Niedrigkeit seiner Magd hat er geschaut. Siehe, von nun an preisen mich selig alle Geschlechter. Denn der Mächtige hat Großes an mir getan, und sein Name ist heilig. Er erbarmt sich von Geschlecht zu Geschlecht über alle, die ihn fürchten. Er vollbringt mit seinem Arm machtvolle Taten: Er zerstreut, die im Herzen voll Hochmut sind; er stürzt die Mächtigen vom Thron und erhöht die Niedrigen. Die Hungernden beschenkt er mit seinen Gaben und lässt die Reichen leer ausgehen. Er nimmt sich seines Knechtes Israel an und denkt an sein Erbarmen, das er unsern Vätern verheißen hat, Abraham und seinen Nachkommen auf ewig.

Lk 1,46-55

Kreuzerhöhung

Hinweis: siehe auch Kreuz-Bild-Meditation zw. S. 184/185
Christus Jesus war Gott gleich, hielt aber nicht daran fest, wie Gott zu sein, sondern er entäußerte sich und wurde wie ein Sklave und den Menschen gleich. Sein Leben war das eines Menschen; er erniedrigte sich und war gehorsam bis zum Tod, bis zum Tod am Kreuz. Darum hat ihn Gott über alle erhöht und ihm den Namen verliehen, der größer ist als alle Namen, damit alle im Himmel, auf der Erde und unter der Erde ihre Knie beugen vor dem Namen Jesu, und jeder Mund bekennt: »Jesus Christus ist der Herr« – zur Ehre Gottes, des Vaters.

Phil 2,6-11

Allerheiligen

In jener Zeit, als Jesus die vielen Menschen sah, die ihm folgten, stieg er auf einen Berg. Er setzte sich, und seine Jünger traten zu ihm. Dann begann er zu reden und lehrte sie. Er sagte: Selig, die arm sind vor Gott; denn ihnen gehört das Himmelreich. Selig die Trauernden; denn sie werden getröstet werden. Selig, die keine Gewalt anwenden; denn sie werden das Land erben. Selig, die hungern und dürsten nach der Gerechtigkeit; denn sie werden satt werden. Selig die Barmherzigen; denn sie werden Erbarmen finden. Selig, die ein reines Herz haben; denn sie werden Gott schauen. Selig, die Frieden stiften; denn sie werden Söhne Gottes genannt werden. Selig, die um der Gerechtigkeit willen verfolgt werden; denn ihnen gehört das Himmelreich. Selig seid ihr, wenn ihr um meinetwillen beschimpft und verfolgt und auf alle mögliche Weise verleumdet werdet. Freut euch und jubelt: Euer Lohn im Himmel wird groß sein.

Mt 5,1-12a

Christkönig

Hinweis: siehe auch anschließende Bildmeditation
In jener Zeit sprach Jesus zu seinen Jüngern: Wenn der Menschensohn in seiner Herrlichkeit kommt und alle Engel mit ihm, dann wird er sich auf den Thron

seiner Herrlichkeit setzen. Dann wird der König denen auf der rechten Seite sagen: Kommt her, die ihr von meinem Vater gesegnet seid, nehmt das Reich in Besitz, das seit der Erschaffung der Welt für euch bestimmt ist. Denn ich war hungrig, und ihr habt mir zu essen gegeben; ich war durstig, und ihr habt mir zu trinken gegeben; ich war fremd und obdachlos, und ihr habt mich aufgenommen; ich war nackt, und ihr habt mir Kleidung gegeben; ich war krank, und ihr habt mich besucht; ich war im Gefängnis, und ihr seid zu mir gekommen. Dann werden ihm die Gerechten antworten: Herr, wann haben wir dich hungrig gesehen und dir zu essen gegeben, oder durstig und dir zu trinken gegeben? Und wann haben wir dich fremd und obdachlos gesehen und aufgenommen, oder nackt und dir Kleidung gegeben? Und wann haben wir dich krank oder im Gefängnis gesehen und sind zu dir gekommen? Darauf wird der König ihnen antworten: Amen, ich sage euch: Was ihr für einen meiner geringsten Brüder getan habt, das habt ihr mir getan.
Mt 25,31.34-40

Bildmeditation zu Mt 25,31-40

Unser Bild zeigt einen Ausschnitt des Aachener Antependiums (lateinisch = Umkleidung des Altarunterbaus). Es ist ein in Goldblech getriebenes Relief, das von Kaiser Otto III. (983-1002) gestiftet wurde.
Der thronende Herr ist von einem Oval umschlossen (genannt [lateinisch] *Mandorla*, wegen ihrer Mandelform). Er ist jugendlich dargestellt, ohne Bart. Trotz seiner strengen Hoheit ist er der Welt und den Menschen ganz zugewandt. Sein ruhiger Blick durchdringt alles. Seine Rechte hält das Siegeszeichen des Kreuzes wie ein Zepter: die verhüllte Linke hebt das offene Buch des Lebens empor (Offb 20,12).
Dieses Bild ist ein Bekenntnis des Glaubens an den erhöhten Herrn Jesus Christus: »Er sitzt zur Rechten des Vaters und wird wiederkommen in Herrlichkeit, zu richten die Lebenden und die Toten; seiner Herrschaft wird kein Ende sein« (›Credo‹).

Christus Pantokrator. Relief aus der goldenen Altartafel des Aachener Doms.
Um 1000
(nach: Schulbibel, a.a.O., S. 369)

Hochfest der Jungfrau und Gottesmutter Maria

Der Engel sagte zu Maria: Fürchte dich nicht, Maria; denn du hast bei Gott Gnade gefunden. Du wirst ein Kind empfangen, einen Sohn wirst du gebären: dem sollst du den Namen Jesus geben. Er wird groß sein und Sohn des Höchsten genannt werden. Gott, der Herr, wird ihm den Thron seines Vaters David geben. Er wird über das Haus Jakob in Ewigkeit herrschen, und seine Herrschaft wird kein Ende haben.

Lk 1,30-33

Notizen zu weiteren Schriftvorschlägen, Meditationsimpulsen für persönliche Feste im Jahreskreis.

Klassiker der christlichen Mystik

118 Seiten. Gebunden
ISBN 3-466-20381-3

Francisco de Osuna, Teresa von Avila und Johannes vom Kreuz bieten als Meister der Kontemplation auch heute einen Weg zur kontemplativen Erfahrung an.

Kösel-Verlag München  online: www.koesel.de

Ein himmlisches Geschenkbuch

136 Seiten. Mit Bildern aus dem Albani-Kodex. Leinen
ISBN 3-466-20413-5

**Wunderbare Texte der frühen christlichen Weisheit –
eine wiederentdeckte Wegweisung für jeden,
der nach einem spirituellen Geschenkbuch sucht.**

Kösel-Verlag München   online: www.koesel.de